Karl Weinhuber (Hg.)
Die Republik Moldau
Geschichte und Politik
Der lange Weg nach Europa

Die Republik Moldau

Geschichte und Politik
Der lange Weg nach Europa

Herausgeber und Autor: Karl Weinhuber

Beiträge:
Patricia Dămoc: *Migration*
Guido Schratzer: *NGOs in Moldawien*

Bibliographische Information der Deutschen Nationalbibliothek
Die Deutsche Nationalbibliothek verzeichnet diese Publikation in
der Deutschen Nationalbibliografie. Detaillierte bibliographische
Daten sind im Internet über httb://dnb.dnb.de abrufbar.

Verlag BoD Books on Demand GmbH, in de Tarpen 42,
22848 Norderstedt, bod@bod.de
Druck: Libri Plureos GmbH, Friedensallee 273, 22763 Hamburg

ISBN: 978-3-7693-3564-4

Vorwort

Das Buch »Die Republik Moldau – Geschichte, Politik« bietet einen tiefgehenden Einblick in die wechselvolle Geschichte und die komplexe politische Landschaft eines Landes, das seit dem russischen Überfall auf die Ukraine 2022 zunehmend ins Rampenlicht der internationalen Aufmerksamkeit gerückt ist. Inmitten der geopolitischen Spannungen zwischen Russland und Westeuropa kämpft die Republik Moldau – auch bekannt als Moldawien oder ehemals Bessarabien – um ihren Weg nach Europa und eine demokratische Zukunft.

Mit einer Bevölkerung von knapp 2,5 Millionen Menschen und einer strategischen Lage an den Grenzen zur Ukraine und Rumänien steht Moldau im Zentrum der Interessen der Europäischen Union. Die Bedrohung durch Russland und die ungelösten inneren Konflikte, insbesondere in den Regionen Transnistrien und Gagausien, stellen das Land vor immense Herausforderungen auf seinem Weg zur Transformation von einer ehemaligen Sowjetrepublik zu einer Demokratie nach EU-Standards.

Das Buch beleuchtet die historischen Wurzeln Moldaus, die ethnischen Spannungen, die deutsche Vergangenheit und das aktuelle politische System des Landes. Es analysiert die schwierigen Bedingungen, unter denen Moldau seine europäischen Ambitionen verfolgt, und bietet fundierte Perspektiven auf die zukünftige Entwicklung des Landes.

Dieses Werk richtet sich an ein breites Publikum – von politisch interessierten Lesern über Historiker bis hin zu Entscheidungsträgern, die einen detaillierten Überblick über die geopolitische Bedeutung der Republik Moldau erhalten möchten. Es füllt eine Lücke in der deutschsprachigen Literatur, indem es eine Region Europas ins Zentrum rückt, die bisher wenig Beachtung gefunden hat, jedoch zunehmend an Bedeutung gewinnt.

Königsdorf, im Dezember 2024.   Karl Weinhuber

Inhaltsverzeichnis

1. Einleitung

1.1 Die geopolitische Bedeutung der Republik Moldau

Die Republik Moldau liegt geografisch in der Mitte Europas, wird jedoch oft zu Osteuropa gezählt. Ihre strategische Bedeutung ergibt sich aus ihrer Pufferlage zwischen NATO und der GUS, sowie Russlands Einfluss, insbesondere durch die Unterstützung des Konflikts in Transnistrien. Moldau ist wirtschaftlich schwach und hat wenig Rohstoffe, weshalb große Staaten wenig ökonomisches Interesse zeigen. Das Land ist politisch verletzlich, was durch das negative Image im Westen verstärkt wird. Die geostrategischen Schlüsselprobleme umfassen Grenzfragen, die transnistrische Frage und Herausforderungen in Süd-Bessarabien.

Die wichtigsten Herausforderungen für die nationale Sicherheit der Republik Moldau

Die Republik Moldau steht vor erheblichen Herausforderungen für ihre nationale Sicherheit. Diese resultieren aus begrenzten natürlichen Ressourcen, unzureichenden Reformen und ihrer geopolitischen Lage als Pufferzone zwischen der EU und den Interessen Russlands. Die Bedrohungen für die Sicherheit des Landes sind vielfältig und umfassen sowohl interne Faktoren, wie territoriale Konflikte und eine schwache nationale Kohäsion, als auch externe Bedrohungen, wie die Abhängigkeit von Energieimporten und die Nutzung des Landes für illegalen Handel.

Auf dem relativ kleinen Territorium der Republik Moldau gibt es drei bedeutende territoriale Konflikte: den transnistrischen, den südbessarabischen und den moldauisch-ukrainischen. Diese Konflikte sind miteinander verknüpft und beeinflussen sich gegenseitig.

Der transnistrische Konflikt ist von geopolitischer Natur. Trotz der ethnischen Vielfalt in Transnistrien hat der Konflikt keine ethnischen Wurzeln. Vielmehr nutzt Russland die Nostalgie für die Sowjetzeit und pro-slawische Gefühle, um die transnistrische Pseudostaatlichkeit zu stützen. Solange dieser Konflikt ungelöst bleibt, bleibt die Republik Moldau unter russischem Einfluss gefangen und kann keine unabhängige Außenpolitik verfolgen. Die Dnjestr-Region, das Gebiet zwischen dem Dnjestr-Fluss und der Ukraine, wird oft als das »schwarze Loch Europas« bezeichnet und stellt aufgrund von Waffen-, Drogen- und Menschenhandel eine ernsthafte Bedrohung für die nationalen Interessen der EU dar.

Der südbessarabische Konflikt involviert mehrere Akteure, darunter Moldau, Gagausen, Bulgaren sowie die Ukraine und die Türkei. Die Gagausen und Bulgaren sind die einzigen ethnischen Minderheiten, die in Moldau relativ geschlossen leben. Ihre Präsenz stellt ein geopolitisches Risiko dar, besonders in einem peripheren Gebiet, das von externen Staaten unterstützt wird.

Der moldauisch-ukrainische Konflikt überschneidet sich mit den anderen beiden und hat historische Wurzeln in den Grenzänderungen von 1940. Die stillschweigende Unterstützung der Ukraine für die Sezession Transnistriens hat die Beziehungen zwischen Kiew und Chișinău belastet.

Zusätzlich zu diesen territorialen Konflikten ist Moldau von internen Spannungen betroffen, die durch unionistische Bewegungen verschärft werden. Diese Bewegungen plädieren entweder für eine Vereinigung mit Rumänien oder für die Wiederherstellung einer eurasischen Union. Während die Vereinigung mit Rumänien eine potenzielle Bedrohung der regionalen Stabilität darstellt, ist die »euroasiatische Option« eine noch größere Gefahr für Moldaus Souveränität.

Energieabhängigkeit ist eine weitere große Herausforderung für Moldau. Das Land ist stark auf Energieimporte aus Russland und der Ukraine angewiesen, was seine nationale Souveränität erheblich einschränkt. Die Regierung hat es bisher versäumt, eine diversifizierte Energieversorgung aufzubauen, was Moldau in eine gefährliche Abhängigkeit von Russland bringt. Derzeit arbeitet Moldau intensiv daran, dies zu verändern.

Fazit: Die Republik Moldau steht vor einer Vielzahl von sicherheitspolitischen Herausforderungen, die sowohl intern als auch extern bedingt sind. Der ungelöste transnistrische Konflikt, die geopolitische Instabilität in Südbessarabien und die Abhängigkeit von Energieimporten machen das Land anfällig für externe Einflüsse und untergraben seine Souveränität. Eine Lösung dieser Probleme ist entscheidend für die Zukunft des moldauischen Staates.

1.2 Die Daten der Republik Moldau

Grunddaten:

Staatsname: Republica Moldova – Republik Moldau

Staatsform: Parlamentarische Republik

Staatsgebiet: 33.850 km²

(Gagausien 1.848 km²; Transnistrien 4.163 km²)

Bevölkerung: 2.490.000 Einw.,

ohne Transnistrien mit 305.000 Einw. = 83,3 Einw./km2

(Einw.-Zahl Gagausiens: 117.171 Einw

Hauptstadt: Chişinău mit 550.806 Einw.; gleichnamiges Munizipium: 672.965 Einw.

Weitere größere Städte: Bălţi 90.501, Cahul 23.903, Ungheni 25.196, Soroca 19.093, Orhei 18.232,

Comrat (**Hauptstadt Gagausiens**) 20.165 Einw.

Transnistrien: Tiraspol (**Hauptstadt**) 128.000, Bender 83.700, Rîbniţa 44.700 Einw.[1]

---

1   https://www.bmz.de/de/laender/moldau#anc=id_154026_154026

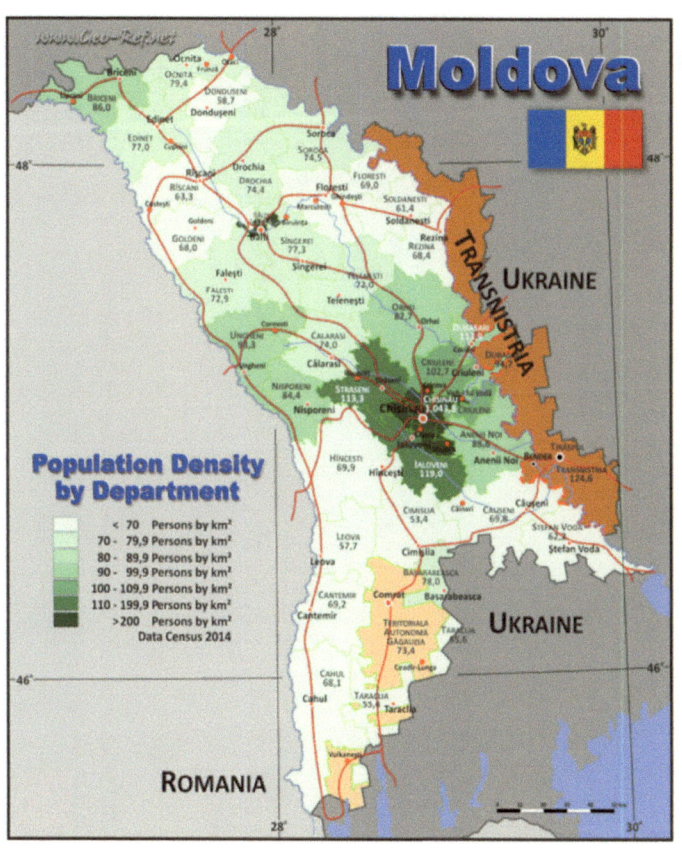

Moldova [2]

Population Density by Department

	< 70 Persons by km²
	70 - 79,9 Persons by km²
	80 - 89,9 Persons by km²
	90 - 99,9 Persons by km²
	100 - 109,9 Persons by km²
	110 - 199,9 Persons by km²
	>200 Persons by km²

Data Census 2014

2 http://www.geo-ref.net › mda

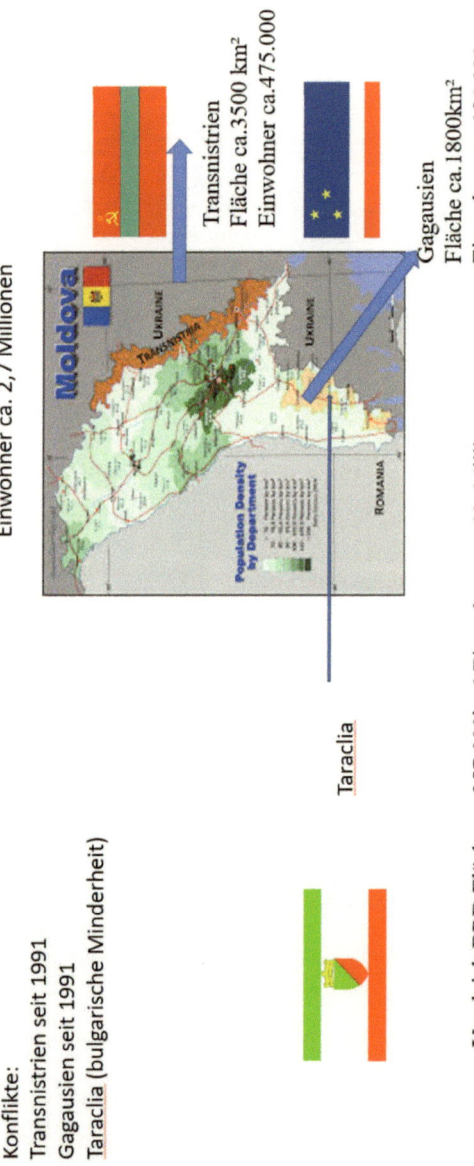

Fläche ca. 34.000 km²
Einwohner ca. 2,7 Millionen

Transnistrien
Fläche ca.3500 km²
Einwohner ca.475.000

Gagausien
Fläche ca.1800km²
Einwohner ca.134.000

Taraclia

Vergleich BRD Fläche ca.357.000km² Einwohner ca. 83. Millionen

Konflikte:
Transnistrien seit 1991
Gagausien seit 1991
Taraclia (bulgarische Minderheit)

2. Die Historischen Wurzeln der Republik Moldau

Stefan Ihrig schreibt in seinem Buch »Wer sind die Moldawier?«:

>*Moldova-geschichtslos oder zu viele Geschichten?* Im Jahr 2002 bemerkte der damalige Premierminister Moldovas Vasile Tarlev, dass die Mehrheit der unabhängigen Staaten ihre eigene Geschichte habe, nur Moldova nicht. Moldova-ein Land ohne Geschichte? Eine unwahrscheinliche Behauptung, doch soll sie, seiner Absicht nach, ausdrücken, dass »man« sich noch geeinigt habe, welche Geschichte die Geschichte denn die der Republik Moldova sein solle.[3]

Der Umgang mit der Geschichte ist auch immer im Zusammenhang mit dem kollektiven Gedächtnis der Bevölkerung des Landes in Vergangenheit und Gegenwart zu betrachten. Als die Republik Moldau 1991 in den heutigen Grenzen unabhängig wurde, War es mit einem nicht unerheblichen Identitätsproblem belastet. Das Gebiet besaß in der Zeit, in denen Nationen erwachten, gegründet und gebaut wurden, im 19 Jahrhundert, keine eigenen Strukturen, keine starke nationalisierte Intelligenzija und auch keine eigene bedeutende nationalistische oder nationalisierende Bewegung.

---

3   Ihrig,2008,17

Die Wlachen (später Walachen) waren Wanderhirten die aus den Karpaten Ende des 12 Jahrhundert in die Ebene zogen und sich zwischen Donau und dem Dnjestrs niederließen. Die Wlachen fanden dort ein Gebiet das von den Slawen wegen der Angriffe der aus Südrussland kommenden altaischen Nomaden aufgegeben wurde. Daraus wurden später die rumänischen Fürstentümer Moldau und Walachai gebildet.[4]

2.1 Moldawien als Teil des Osmanischen Reiches und Russlands

Das Fürstentum Moldau erreichte seine größte Ausdehnung Mitte des 15. Jahrhunderts unter Fürst Ştefan cel -Mare (1457-1505), dessen Erbe bis heute im kollektiven Gedächtnis der Moldauerinnen und Moldauer verankert ist. Damals erstreckte sich das Fürstentum bis zum Schwarzen Meer und war eine bedeutende Handelsdrehscheibe zwischen Ostmitteleuropa und dem pontisch-kaspischen Raum. Diese Position verlor es 1538, als es nach der osmanischen Invasion den Südosten an das Osmanische Reich abtreten musste und zu einem osmanischen Vasallenstaat wurde. Obwohl die innere Autonomie formal erhalten blieb, forderten die Osmanen Tribut und hatten starken politischen Einfluss, einschließlich der Bestätigung oder Einsetzung der Thronfolger durch Konstantinopel. Oftmals wurden griechische Herrscher eingesetzt, was zu einer ethnischen

---

4   Vgl. Haussig,1966,184

Durchmischung der Elite führte und das Griechische zur Verwaltungssprache machte.

Ab dem späten 17. Jahrhundert zeigte sich die Schwäche des Osmanischen Reiches, und das Fürstentum Moldau wurde wiederholt von österreichischen und russischen Truppen besetzt. Trotz der osmanischen Oberherrschaft nahm der Einfluss Russlands und anderer europäischer Staaten zu. Der Frieden von Küçük Kaynarca 1774 gewährte Russland innenpolitisches Mitspracherecht in Moldau und der Walachei, obwohl die osmanische Oberhoheit formell anerkannt blieb. 1775 trat Österreich die Bukowina ab, und 1812 verlor Moldau das Gebiet östlich des Prut und der Donau an das Russische Reich, das es Bessarabien nannte. Schließlich wurde das verbliebene Territorium Moldaus 1859 mit der Walachei vereint und 1862 in Rumänien umbenannt.

2.2   Die Bessarabische Frage bis 1918

Bereits nach dem Friedensvertrag von Jassy 1792 erreichte die russische Grenze den Dnjestr. Ein Geheimabkommen zwischen Russland und der Habsburger Monarchie 1794 wurde die Aufteilung beschlossen. Die rumänischen Fürstentümer Walachei und Moldau sollten den Türken genommen werden und Russland zugeteilt werden.[5] Beide Fürstentümer waren Opfer und Vassallen des osmanischen Reiches, Russlands und der Habsburger

---

5   Vgl. Suga, 1958, 12

Monarchie. Der Begriff «Bessarabien» so wie wir ihn kennen war erst nach dem Bukarester Frieden vom 28.Mai 1812 verwendet worden. Das Gebiet zwischen den Flüssen Dnjester und Pruth, dass früher zum rumänischen Fürstentum Moldau gehörte wurde nun so benannt. Der Name kommt von der walachischen Fürstenfamilie Basarab. Das Gebiet zwischen Dnjestr, Pruth, Donau und dem Schwarzen Meer wurde dem russischen Zar 1812 zugesprochen. Cusco und Sarov schreiben im »Handbuch der Republik Moldau« folgendes:

> »Bessarabien war eine multiethnische Peripherie des Russischen Reichs. Die Prozesse, die im 19.Jahrhundert schließlich zu einer spürbaren Veränderung der ethnischen Bevölkerungsstruktur führten, waren nicht nur durch die systematische Kolonisierung durch den russischen Staat (insbesondere im Süden von Bessarabien), sondern auch durch spontane Einwanderungswellen bedingt.«[6]

Der Frieden von Bukarest 1812 war ein Wendepunkt in der Geschichte der Region, insbesondere für Moldau und Bessarabien. Er ermöglichte es Russland, seinen Einfluss weiter nach Westen auszudehnen, schwächte das Osmanische Reich und führte zu langfristigen territorialen und politischen Veränderungen, die bis ins 20. Jahrhundert hinein Wirkung zeigten. Die Abtretung Bessarabiens von den Moldaufürsten, zu den es über 400 Jahre gehörte, an Russland (Neu-Russland)

---

6   Cusco, Sarov,2012, 42

hatte weitreichende Konsequenzen für die Region, insbesondere in Bezug auf die nationale Identität und die geopolitische Lage bis heute.

Friede von Bukarest, 1812 [7]

---

7   Hofbauer/Roman,1997, 189

2.3 Unabhängigkeit und politischer Wandel in Bessarabien 1917-1918

Politische Selbstständigkeit wurde kurz nach dem Zerfall des Russischen Reiches erreicht. Im Revolutionsjahr 1917 erlangte Bessarabien kurzzeitig politische Selbstständigkeit. Im April gründeten rumänische Intellektuelle die Nationale Moldauische Partei (Partidul Naţional Moldovenesc), die sich für die Vereinigung aller Rumänen einsetzte und eine Schlüsselrolle in der politischen Zukunft Bessarabiens spielte. Auf Druck der Nationalen Moldauischen Partei wurde ein Landesrat (Sfatul Ţării) gebildet, der von Rumänen dominiert war (70 % Rumänen, 30 % Nichtrumänen). Bei der ersten Sitzung am 4. Dezember 1917 traten Spannungen zwischen den ethnischen Gruppen zutage.

Am 15. Dezember 1917 proklamierte der Landesrat die Autonomie Bessarabiens als Moldauische Demokratische Republik innerhalb der Russischen Sowjetrepublik. Es wurden eine Regierung ernannt, allgemeines Wahlrecht und Minderheitenrechte versprochen sowie eine Landreform angekündigt, die die Kolonisierung Bessarabiens untersagte.

Mit der Auflösung der Ostfront strömten russische Truppen nach Bessarabien und verursachten nahezu anarchische Zustände. Der Landesrat, der um seine Macht fürchtete, beriet am 4. Januar 1918 über die Bitte um rumänische Militärhilfe. Am 20. Januar 1918 beschlossen einige Mitglieder unter konspirativen Bedingungen, rumänische Einheiten anzufordern. Tatsächlich hatte die rumänische Regierung bereits am 12. Januar 1918 die

Intervention in Bessarabien vorbereitet, und am 20. Januar marschierten rumänische Truppen ein.

Am 6. Februar 1918 erklärte der Landesrat die Unabhängigkeit Bessarabiens von Russland. In einem geheimen Zusatzprotokoll des Friedensvertrags von Buftea (Rumänien) sicherten die Mittelmächte Rumänien freie Hand in Bessarabien zu. Am 9. April 1918 stimmte der Landesrat unter dem Druck hochrangiger rumänischer Regierungsvertreter der bedingten Angliederung an Rumänien zu. Am 10. Dezember 1918 folgte schließlich die bedingungslose Annexion Bessarabiens durch Rumänien.

Der östlich des Dnjestr gelegene schmale Landstreifen, bekannt als »Transnistrien«, hat historisch nie zu rumänischem Gebiet gehört. Im Gegensatz zu Bessarabien und der Bukowina war Transnistrien nie Teil eines rumänischen Staates, und anders als in Bessarabien stellten die Rumänen dort nie die Bevölkerungsmehrheit.

2.4 Bessarabien von 1918-1940 als Teil »Großrumäniens«

Die Zwischenkriegszeit sehen die Rumänisten als »goldenes Zeitalter« und als Zeit »der Vereinigung aller Rumänen«. Dagegen betrachten die Moldovenisten diesen Zeitabschnitt als »die rumänische Besatzung«[8]

---

8   Vgl. Ihrig, 2008, 124-125

Nach dem Ersten Weltkrieg konnte Rumänien sein Territorium und seine Bevölkerung nahezu verdoppeln, indem es die von Rumänen bewohnten Gebiete Ostungarns, die österreichische Bukowina und das vormals zum Zarenreich gehörende Bessarabien annektierte. Die neue Ostgrenze Rumäniens, die sich nun bis zum Djnestr erstreckte und von der internationalen Gemeinschaft nur teilweise anerkannt wurde, sollte unter anderem als Abgrenzungszone gegen Russland dienen.

»Die Bevölkerung Bessarabiens erhoffte sich Vorteile vom Anschluss an Rumänien und den in der Verfassung von 1923 verankerten Grundrechten. Eine Agrarreform brachte jedoch weniger Land als erwartet, und die wirtschaftliche Lage verschlechterte sich zunehmend. In den 1920er Jahren wanderten mehr als 10.000 Menschen, vor allem Bauern und Bulgaren, nach Brasilien aus. Politische und administrative Unzufriedenheit wuchs, insbesondere durch den starken Zentralismus und die Vernachlässigung der peripheren Region. Die Industrialisierung kam kaum voran, und Teile der bessarabischen Elite begannen, sich gegen die Zustände zu wehren.

Bessarabien war 1930 eine der Regionen mit dem höchsten Minderheitenanteil: Neben 56,2 % Rumänen lebten dort 12,3 % Russen, 10,9 % Ukrainer, 7,1 % Juden, 5,7 % Bulgaren, 3,4 % Gagausen und 2,8 % Deutsche. Das zaristische Erbe war hinderlich für die rumänische Nationalstaatsbildung. Die Regierung setzte auf eine immer radikalere Rumänisierung, wobei Minderheiten Loyalitätsdefizite und »fremde« Interessen vorgeworfen wurden. In den 1930er Jahren gewannen rechtsradikale Parteien zunehmend an Einfluss, insbesondere gegen die jüdische Bevölkerung, die bereits seit 1919 vor den Pogromen in der Ukraine nach Bessarabien gekommen waren.«[9]

»Von den ursprünglichen Bedingungen, die seitens Bessarabiens an Rumänien für den Zusammenschluss formuliert wurden – etwa die Beibehaltung des Autonomiestatus und die Durchführung einer Bodenreform – fanden im monarchistischen System Rumäniens wenige Anklang, was letztlich bis zur Auflösung des Landesrats führte und zur endgültigen Aufgabe jedweder Autonomie durch die Verfassung von 1923. Lediglich die Besetzung der Minister erfolgte nach einem regionalen Verteilungsschlüssel. In der Folgezeit der frühen zwanziger Jahre lässt sich eine ‚Rumänisierung»des öffentlichen Dienstes feststellen. Durch Vereidigung auf den rumänischen König und eine Sprachprüfung im Rumänischen sollten die Beamten auf zentralistischen Kurs gebracht werden – eine Handlung der sich insbesondere in Bessarabien die relativ hohe Anzahl an russischen Beamten widersetzte, die nach der Vereinigung zunächst übernommen, nun aber entlassen wurden.«[10]

---

9   Vgl. Kührer-Wielach, Suveica,2024, 8
10   Vgl. Mirnow,2012, 69 ff

Bevölkerung Bessarabiens nach Nationalitäten Stand 1930

	absolute Zahl	Prozentsatz
Gesamtbevölkerung	2.864.402	100,0 %
Rumänen	1.610.757	56,2 %
Juden	210.856	7,2 %
Russen	351.912	12,3 %
Ruthenen/Ukrainer	316.211	11,0 %
Bulgaren	163.728	5,7 %
Gagausen	98.172	3,4 %
Deutsche	81.089	2,8 %
Andere	39.678	1,4 %

Quelle: Recensământul populaţiei din 29 decembrie 1930, Bukarest 1931

3. Die Sowjetzeit und der Weg zur Unabhängigkeit

Nach 1917 wurde das »Transnistrien« genannte Gebiet der Ukrainischen Sozialistischen Sowjetrepublik zugeschlagen. Im Jahre 1924 gründete die sowjetische Verwaltung innerhalb der Ukrainischen SSR die sogenannte Moldauische Autonome Sozialistische Sowjetrepublik (MASSR), deren Gebiet Transnistrien mit der Hauptstadt Tiraspol einschloss. Sie umfasste ein Gebiet von rund 8000 Quadratkilometern, die Bevölkerung wurde im Jahre 1938 auf ca. 600000 geschätzt.

3.1 Republik Moldau/Moldawien als Sowjetrepublik 1924-1940

Die Geschichte der MSSR wird sehr unterschiedlich in der Republik Moldau auch von professionellen Historikern wahrgenommen.

Es gibt zwei Lager:

Die Moldovenisten: (Glorifizierung der sowjetischen Zeit)

Die Rumänisten: (Deportationen, Russifizierung von Sprache und Kultur)

Die Autonome Republik bildete ein Dreieck längs des Dnjestr von Soroca (russisch und ukrainisch Сороки *Soroki*, »Elster«) bis Liman (kurz vor der Dnjestr Mündung). Die Hauptstadt wurde erst Balta (Heute Ukraine)

später Tiraspol. Die Moldauische AMSSR war von Anfang an ein künstliches Gebilde. Es gab zwischen Norden und Süden weder Bahn- noch Postverbindungen.
Die MASSR wurde geschaffen auf Wunsch der Moskauer
Zentralregierung um einen Brückenkopf gegen den Rumänischen Staat zu haben. Petru Negura schreibt dazu:

>Wie alle übrigen Unions- oder autonomen Repu-
bliken war auch die MASSR weit davon entfernt, in
wirtschaftlicher oder politischer Hinsicht autonom zu
sein. Ihre Gründung war ideologisch legitimiert durch
angebliche Anwesenheit einer spezifischen ethnischen
Gruppe auf ihrem Gebiet: der Moldauer. Aus strategischen und außerpolitischen Gründen von einem Tag
auf den anderen geschaffen, wurde sie zum Versuchs-
feld einer inkohärenten und widersprüchlichen natio-
nal- und Kulturpolitik.«[11]

Eine national-kulturelle Politik wurde mit Misstrauen
in Moskau und der Ukraine betrachtet. Es kam immer
wieder zu Säuberungen in den Verwaltungs-, Kultur-
und Bildungsinstitutionen. Die Entstehung der MASSR
»ist der Beginn des moldauischen Mythos, der nach dem
Zweiten Weltkrieg in der MSSR aufleben sollte«. Die
MASSR sollte der Baustein einer neuen Nation, einer
neuen Sprache und einer neuen Identität sein. Der Mythos, dass die Bevölkerung in MASSR und in Bessarabien
sich von der rumänischen Bevölkerung unterscheidet
und dass sie zwei verschiedene Sprachen verwenden,

---

11   Negura,2012,78

wurde durch unzählige *wissenschaftliche* Beiträge der russischen Wissenschaftler unterstützt. So sind zwischen 1920er und 1980er über 1500 Veröffentlichungen zu Bessarabien bzw. Transnistrien erschienen. Die Entstehung der MASSR »ist der Beginn des moldauischen Mythos, der nach dem Zweiten Weltkrieg in der MSSR aufleben sollte«. Die MASSR sollte der Baustein einer neuen Nation, einer neuen Sprache und einer neuen Identität sein. Der Mythos, dass die Bevölkerung in MASSR und in Bessarabien sich von der rumänischen Bevölkerung unterscheidet und dass sie zwei verschiedene Sprachen verwenden, wurde durch unzählige *wissenschaftliche* Beiträge der russischen Wissenschaftler unterstützt. So sind zwischen 1920er und 1980er über 1500 Veröffentlichungen zu Bessarabien bzw. Transnistrien erschienen.

Vladimir Chiveri berichtet in seiner Diplomarbeit über »Die geopolitische Falle im Transnistrien-Konflikt«.

»Die Entstehung der neuen Staatsstruktur in der Sowjetunion wurde von der internationalen Gemeinschaft mit Interesse verfolgt. Der deutsche Korrespondent der *Vossischen Zeitung* in Moskau schreibt am 26. Oktober 1924, dass »die Moldauische Republik, klein für den Moment, sollte, wenn die Zeit dazu reif ist, sich mit Bessarabien vereinen und eine große sowjetische Republik als Bestandteil der Sowjetunion bilden.«[12]

Konflikte zwischen der Ukraine und der Moldauischen Sozialistischen Sowjetrepublik (MSSR) im Jahr 1924

---

12   Vgl. Chiveri,2012, 23

entstanden im Kontext der politischen und territorialen Veränderungen in der Region nach dem Ersten Weltkrieg und der Oktoberrevolution von 1917. Die MSSR war eine administrative Einheit innerhalb der Ukrainischen Sowjetrepublik und wurde im sowjetischen System als autonome Region etabliert, die jedoch unter der Kontrolle der Ukraine stand. Die Ukrainische SSR hatte großen Einfluss auf die Verwaltung und die politischen Entscheidungen in der MSSR. Dies führte zu Konflikten, da lokale moldauische Führer sich oft benachteiligt fühlten und versuchten, mehr Einfluss auf die Entscheidungsprozesse zu gewinnen. Die Konflikte zwischen der Ukraine und der Moldauischen Sozialistischen Sowjetrepublik im Jahr 1924 spiegelten die komplexen geopolitischen, ethnischen und kulturellen Dynamiken der Region wider. Diese Spannungen waren Teil des größeren sowjetischen Projekts zur Neuordnung der ehemaligen Zarenreiche und der Integration verschiedener ethnischer Gruppen in das sowjetische System.

1919-1940

Dnjestr

Cernăuți/Czernowitz

Suceava •

Bălți •

MOLDAWIEN

Prut

Reut

MOLDAWISCHE ASSR
1924 - 1940

UdSSR

Iași •

Chișinău/Kischinew •

Tiraspol •

Comrat •

Odessa •

Cetatea Albă •

Tatar Bunar

RUMÄNIEN

Galați •

Donau

WALACHEI

SCHWARZES MEER

.... Grenze zwischen Moldawien
und der Ukraine 1993

UdSSR

Rumänien

---

13   Hofbauer/Roman,1997, 193

3.2 Die Auswirkungen des Hitler-Stalin Abkommen und des 2 Weltkrieges

3.2.1 Das Hitler- Stalin Abkommen

Im Geheimprotokoll des Hitler-Stalin-Pakts vom 23. August 1939 wurde Bessarabien der sowjetischen Einflusssphäre zugewiesen. Nach einem Ultimatum an Rumänien besetzten sowjetische Truppen im Juni 1940 Bessarabien und den Norden der Bukowina. Am 2. August 1940 wurde die Moldauische Sozialistische Sowjetrepublik gegründet, doch bereits am 3. November 1940 erfolgte eine Teilung: Der Norden der Bukowina, das Gebiet um Herta sowie der Süden Bessarabiens wurden der Ukrainischen Sozialistischen Sowjetrepublik angeschlossen. Die zuvor zur Ukraine gehörende Autonome Moldauische Republik wurde aufgelöst, mit Ausnahme eines schmalen Landstreifens, bekannt als Transnistrien, der der Moldauischen SSR (MSSR) zugeteilt wurde. Durch die neue Grenzziehung wurde das Gebiet Bessarabiens zwischen zwei Staaten aufgeteilt, wodurch es als politische Einheit aufhörte zu existieren. Damit wurden zukünftige Bestrebungen, Bessarabien wieder an Rumänien anzugliedern, erheblich erschwert. Die neue MSSR verlor durch Deportationen in erster Linie Beamte, Priester, Lehrer, Studenten und viele andere Intellektuelle große Teile der Intelligenz, der Rest emigrierte nach Rumänien.

3.2.2 Auswirkungen

Aus den von der Sowjetunion annektierten Gebieten kehrten 1940 ca. 100.000 Deutsche -wie zwischen Hitler und Stalin vereinbart zurück ins Deutsche Reich. Am 22. Juni mit dem Beginn des Krieges gegen Russland überquerten die deutschen und rumänischen Armeen den Pruth. Der 200 Kilometer breite Gürtel zwischen Pruth und Dnjestr konnte einen Monat von den Russen verteidigt werden. Bereits nach dem am 19 August 1941 Tiraspol erobert wurde begannen die ethnischen Säuberungen. Als erstes Opfer waren es die Juden und weitere Minderheiten. Die Geschichte Bessarabiens und damit auch Moldaus ist sehr eng mit der jüdischen Kultur verbunden. Im Jahr 1897 gehörten laut offizieller Zählung 225.637 der insgesamt 1.936.392 Einwohner der Region (knapp elf Prozent) der jüdischen Glaubensrichtung an. Der Anteil der Juden in Chişinău betrug im Jahr 1903 etwa 46 Prozent (etwa 50.000 von geschätzt 110.000 Einwohnern). Alle größeren Städte hatten eigene Synagogen und jüdische Friedhöfe, auf dem Land hingegen war das Judentum kaum vertreten.

Robert B. Fishman schreibt in seinem Bericht »Nach der großen Abwanderung« für den Deutschlandfunk

Kultur 2011:« Einst standen in Chişinău mehr als 70 Synagogen. Heute sind es noch zwei. Von den 65.000 Juden, die vor dem Zweiten Weltkrieg in Chişinău wohnten, haben nur wenige die Schoah überlebt.«[14]

---

14 https://www.deutschlandfunkkultur.de/nach-der-grossen-abwan
    derung-100.html

Exkurs: Deportationen der Juden, Transnistrien

Der Überfall auf die Sowjetunion am 22. Juni 1941 markiert den entscheidenden Wendepunkt in der Verfolgung der europäischen Juden durch das nationalsozialistische Deutschland: Innerhalb weniger Wochen nach dem deutschen Einmarsch weiteten die Einheiten der SS, der Polizei sowie der deutschen und der rumänischen Armee den antijüdischen Terror zu einem systematischen Völkermord aus. Im Band 7[15] der Dokumentation über die Verfolgung der Juden ist dokumentiert, wie die deutsche Führung diese Massenverbrechen vorbereitete und wie die Deutschen, ihre Verbündeten und einheimische Helfer in den Gebieten unter deutscher Militärverwaltung, in den baltischen Republiken und im rumänischen Besatzungsgebiet Transnistrien die Juden entrechteten, ausbeuteten und vielerorts sofort ermordeten. Solonari schreibt:

»Diese und andere unerwünschte Ethnien sollten nach dem Willen Rumäniens nach Kriegsende weiter nach Osten deportiert werden. Die Deportation der Juden aus Lagern und Gettos in Bessarabien wurde in der zeit zwischen dem 10. September und dem 13 November unter grausamsten Bedingungen durchgeführt: Die Juden wurden zusammengetrieben, die Zahl der für ihren Transport zur Verfügung gestellten Pferdewagen war völlig unzureichend. Diejenigen die nicht weiterlaufen konnten, wurden gruppenweise erschossen und in Massengräbern

---

15   Vgl. Hoppe, Glass,2011,18 fff

verscharrt, die bereits im Voraus entlang der Marschroute
ausgehoben waren.«[16]

In Transnistrien wurden mehrere Ghettos und
Konzentrationslager eingerichtet, in denen die deportierten
Juden unter unmenschlichen Bedingungen lebten. Mogilev-
Podolski, eine Stadt in Transnistrien, wurde im Juli 1941
von deutschen und rumänischen Truppen besetzt. Kurz
danach wurden Tausende von Juden ermordet. Die Stadt
wurde ein Durchgangslager für mehr als 55.000 Deportierte
aus Bessarabien und Bukowina, die von September 1941 bis
Februar 1942 dort durchzogen wurden. Die Bedingungen
waren brutal, und viele Juden wurden gezwungen, in nahe-
gelegene Dörfer zu Fuß zu fliehen.[17]

---

16   Solonari,2012, 92
17   Vgl. https://www.yadvashem.org/odot_pdf/Microsoft%20Word
     %20-%206464.pdf

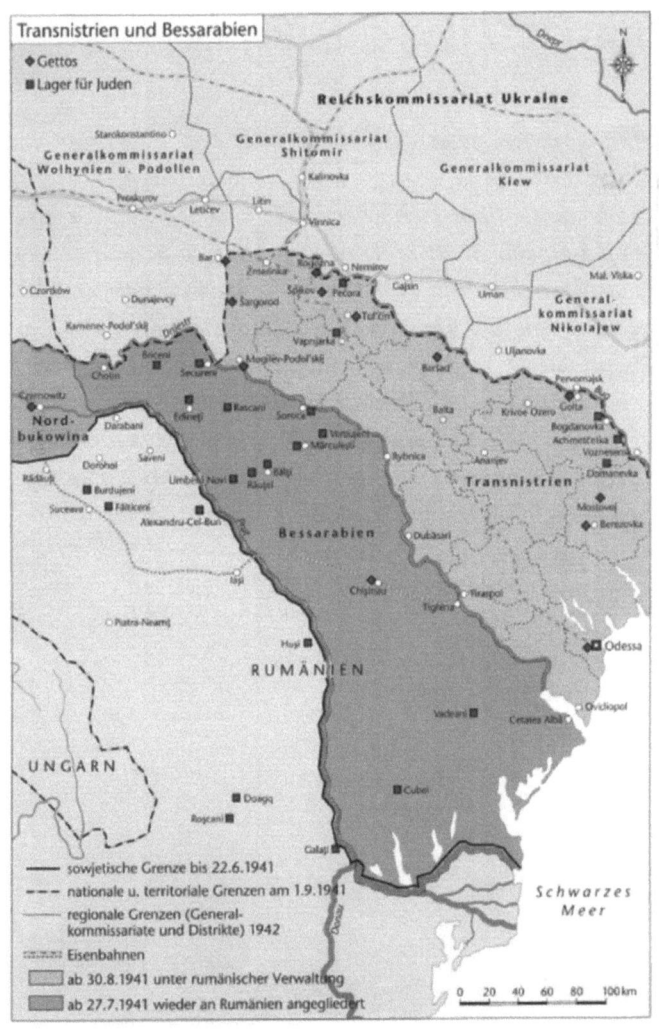

Transnistrien und Bessarabien

◆ Gettos
■ Lager für Juden

Reichskommissariat Ukraine

Generalkommissariat
Wolhynien u. Podolien

Generalkommissariat
Shitomir

Generalkommissariat
Kiew

General-
kommissariat
Nikolajew

Nord-
bukowina

Transnistrien

Bessarabien

RUMÄNIEN

UNGARN

Schwarzes
Meer

—— sowjetische Grenze bis 22.6.1941
---- nationale u. territoriale Grenzen am 1.9.1941
—— regionale Grenzen (General-
kommissariate und Distrikte) 1942
▦▦▦ Eisenbahnen
░░░ ab 30.8.1941 unter rumänischer Verwaltung
▓▓▓ ab 27.7.1941 wieder an Rumänien angegliedert

0   20   40   60   80   100 km

---

18   Hoppe, Glass, 2011,

3.2.3 Die Moldauische Sozialistische Sowjetrepublik 1944-1991

Die ersten Jahre nach 1944, als Bessarabien und Transnistrien erneut unter sowjetische Kontrolle gerieten, waren für die lokale Bevölkerung besonders hart. Die Hungersnot von 1944–47, die durch Requirierungen von Nahrungsmittel durch die Sowjets stark verschärft wurde, forderte in Bessarabien über 150.000- 200.000 Todesopfer. Gleichzeitig fanden massive Deportationen statt, die sich vor allem gegen vermeintliche Kollaborateure und wohlhabende moldauische Bauern richteten, um die Bevölkerung zur Gefolgschaft zu erziehen. Darüber hinaus wurde eine intensive Russifizierungskampagne gestartet, bei der über tausend Lehrer aus Russland und der Ukraine nach Bessarabien entsandt wurden. Eine begleitende antirumänische Propaganda sollte den Aufbau einer neuen, sowjetisch geprägten Identität unterstützen.

In den 1950er-Jahren erschien das erste sowjetische Geschichtsbuch über die moldauische Nation. Es behauptete, dass bereits zur Zeit der Daker eine Trennung zwischen der rumänischen und moldauischen Bevölkerung stattgefunden habe. Die rumänische Ethnogenese sei aus der Vermischung der Daker mit den Südslawen entstanden, während die moldauische Ethnogenese aus der Verbindung der Daker mit den Ostslawen hervorgegangen sei. Diese Theorie wurde von sowjetischen Linguisten als Grundlage genutzt, um zu behaupten, dass die moldauische Sprache eine slawische sei oder sich von einer romanischen zu einer slawischen Sprache entwickelt habe.

Ab 1953 entspannte sich die Lage in der Region: Der Russifizierungsdruck ließ nach, auch wenn Russischkenntnisse weiterhin notwendig waren, um beruflich und im Alltag erfolgreich zu sein. Die Rehabilitierung von Kollaborateuren und Gulag-Häftlingen begann, und viele durften in ihre Heimat zurückkehren. Die Modernisierung der MSSR begann nach dem die Kollektivierung der Landwirtschaft abgeschlossen war. Kilian Graf schreibt:

>>Als die MSSR nach dem zweiten Weltkrieg geründet worden war, war sie die am wenigsten entwickelte Republik der UDSSR, Ihre Indistrualisierungsquote war deutlich niedriger als in den anderen Unionsrepubliken. Auch die Bildungsquote war extrem niedrig. Nur 5,7 Prozent der moldauischen Bevölkerung besaßen einen höheren Bildungsabschluß.«.........In Bessarabien waren keine Facharbeiter für metallverarbeitende oder elektrotechnische Betriebe ausgebildet worden. Die forcierte Industrialisierung, die in den30er Jahren stattgefunden hatte, wurde im bessarabischen Teil in den 50er und 60er Jahren zwar nachgeholt, blieb jedoch auch aufgrund der natürlichen Gegebenheiten stark zurück. Insgesamt kamen ungefähr 500.000 russische Arbeiter und Spezialisten aus allen Teilen der Sowjetunion in die MSSR.«[19]

Die Russifizierung war nicht nur durch die Sprache, sondern durch ihre Verbindung zu der übrigen Sowjetunion war es eine sowjetische Kolonisierung. Die MSSR wurde entsprechend den sowjetischen Vorgaben entwickelt. Die

---

19   Graf,2010, 112

Industrialisierung fand hauptsächlich in den Städten Tiraspol, Bender Râbniţa, Dubăsari, Chişinău und Bălţi. Der Anteil der Industrialisierung war im transnistrischen Teil der MSSR höher als im bessarabischen Teil. In der Landwirtschaft wurden der Weinbau, Sonnenblumen und landwirtschaftliche Produktverarbeitungsindustrien gefördert. Die Eliten wurden in erster Linie aus der kommunistischen Partei rekrutiert, die in den lokalen Strukturen von den Russen und Ukrainern bis in Ende der 80er Jahre herrschten.

Erste Sekretäre der Moldauischen Kommunistischen Partei 1941-1991

	Amtszeit	Geburtsort
Piotr G. Borodin	1941-1942	Ukraine, Ort unbekannt
Nikita L. Salogor	1942-1946	Konstantinowka, Region Kherson, Ukraine
Nicolae G. Coval	1946-1950	Kamenka, heutiges Transnistrien
Leonid I. Brežnev	1950-1952	Kamenskoje Ukraine
Dimitri S. Gladkii	1952-1954	Ukraine
Zinovie T. Serdiuk	1954-1961	Arbuzinka, Region Kherson, Ukraine
Ivan T. Bodiul	Mai 1961-Dez. 1980	Alexandrovca, Region Mykolaiv, Ukraine
Semion K. Grossu	Dez. 1980-Nov. 1989	Satul Nou, Region Odessa, Ukraine
Petru K. Lucinschi	Nov. 1989-Feb. 1991	Răduleni Vechi, Region Floreşti, Republik Moldau
Grigore I. Eremei	Feb. 1991-Aug. 1991	Tîrnova, Region Edineţ, Republik Moldau

Graf, 2010, 122

Es wurde auch eine geplante Umsiedlung der rumänischen Bevölkerung in andere Teile der Sowjetunion durchgeführt, um die Russifizierung zu fördern.

21

Sowjetisches Dekret über die „planmäßige Umsiedlung"
der rumänischen Bevölkerung der Moldauischen SSR
veröffentlicht in der „Sovietskaya Moldavia"
vom 31. März 1955

Die Hauptverwaltung der Umsiedlung der organisierten Werbung der Arbeiter bei dem Ministersowjet der moldauischen SSR

führt aus

eine planifizierte Umsiedlung aus der SSR Moldavien in die Regierungsbezirke der RSFSR Astrachan und Rostow und in den Bezirk der Kasakischen SSR Pawlodarsk. Den Bürgern, die gewillt sind umzusiedeln, wird eine kostenlose Fahrt zum Ort der Siedlung angeboten, und der Transport des Vermögens bis zu zwei Tonnen je Familie; die Regierung gibt eine einmalige Geldbeihilfe von 500—800 Rubel je Familie, und 150—300 Rubel je Mitglied der Familie; am Orte der Siedlung sind die Umsiedler von den Kolchosesteuern und von den obligatorischen Abgaben in Produkten auf zwei Jahre befreit. Verpflegung wird gestellt.

Den Umsiedlern wird ein langfristiger Kredit für den Bau der Häuser und Wirtschaftsgebäude mit einer 10jährigen Tilgung und mit einer 3jährigen Tilgung für Viehbeschaffung angeboten.

Die Umsiedlung wird aus den folgenden Kreisen durchgeführt: Atachi, Balti, Tighina, Braviceni, Briceni, Glodeni, Drochia, Edineti, Zgunita, Calarasi, Carpineti, Chisinau, Hancesti, Conjeni, Ochita, Nisporeni, Rezina, Soroca, Straseni, Susleni, Tarnova.

Zwecks Gesuch wende man sich an die ausführenden Kreiskomitees und an den Kreisbevollmächtigten der Umsiedlung und der Organisierung der Arbeit.

(aus dem Russischen übersetzt von Dr. Leonida Lutotovici, Bonn)

---

21 Suga, 1958, 112

Hofbauer /Roman berichten in ihrem Buch über statistische Angaben des Chefs der Kommunistischen Partei der MSSR I.I Boduil. So haben 1965 die Hälfte der Kolchos- Direktoren, russische oder ukrainische Wurzel. Die einfachen Bauern waren zu 90% ethnische Rumänen. Nur ein Viertel der wissenschaftlich ausgebildeten waren Rumänischsprechende. Wobei der Anteil in der Bevölkerung 65% Rumänen und 23% Slawen waren.[22]

Exkurs: Deportation, Hungersnot

Bereits beim Einmarsch am 28.Juni 1940 begannen die Deportationen von Eliten und Großbauern. Die taz schrieb am 23.07.23 dazu:

»Der Zweite Weltkrieg hatte für Moldau katastrophale Folgen. Nach Kriegsende erlebte das sowjetisch besetzte Land eine große Zahl von Deportationen nach Sibirien und Mittelasien. Allein in der Nacht vom 5. auf den 6. Juli 1949 verbannte das Regime in Moskau 35.796 Menschen, darunter rund 12.000 Kinder, in Arbeitslager. Sie verließen in Viehwaggons das Land. Es war eine von insgesamt drei Deportationswellen zwischen 1940 und 1951, beginnend kurz nach der Annexion Moldaus durch den Kreml im Juni 1940.«23

Historiker schätzen, dass die Gesamtzahl der Deportierten aus der Region zwischen 80.000 und 120.000 liegt. Viele

---

22 Vgl. Hofbauer/Roman, 1997, 100
23 https://taz.de/Deportationen-aus-Moldau-in-Gulags/!5946688/
    07.11.2024

kehrten nie zurück, starben unterwegs oder in den sowjetischen Arbeitslagern.

Zur Hungersnot steht in einem Artikel der Standfort Universität:

Die Massenhungersnot in der Sowjetrepublik Moldau in den Jahren 1946–47 ist eine der am wenigsten bekannten Episoden des Staatsterrors unter Stalin. Sie kostete mindestens 123.000 Menschen das Leben, was etwa 5 % der Gesamtbevölkerung der MSSR ausmachte, und damit waren die überzähligen Todesfälle im Verhältnis zur Gesamtbevölkerung fünfmal höher als in der Ukraine und elfmal höher als in Russland im gleichen Zeitraum. Eine der Erklärungen für diese enormen Unterschiede ist, dass der größte Teil der MSSR (Bessarabien) noch nicht kollektiviert war, sondern eine Grenzrepublik und Teil des ehemaligen Verbündeten Nazi-Deutschlands – Rumänien – war und die lokalen Eliten dem Zentrum gegenüber unterwürfiger waren als die ukrainischen. Gleichzeitig wurde die Hungersnot in Moldawien und auf Unionsebene durch Entscheidungen ausgelöst, die Stalin persönlich in Moskau getroffen hatte, da er über die tatsächliche Situation vor und während des Ausbruchs der Hungersnot gut informiert war (davon zeugen Archive in Chișinău und Moskau, auf die über die Archive der Hoover Institution zugegriffen werden kann).[24]

Dumbrava verweist im Handbuch »Die Republik Moldau« darauf, dass es 216.000 Hungertote waren aber die Zahl auch noch höher sein könnte.

---

24 https://sgs.stanford.edu/events/moldavian-holodomor-great-famine-soviet-moldova-1946-1947/07.11.2024

Im den 4 Bänden des Nationalmuseums in Chisinau wird an die Ofer erinnert. https://www.nationalmuseum. md/ro/press_releases/memory_book/

https://www.nationalmuseum.md/en/news/arhive/museum_ of_victims_of_political_repressions_and_deportations/

4. Der Zerfall der Sowjetunion und die Unabhängigkeitserklärung 1985-1991

Mit Gorbatschow (1985-1991) begann der Zerfall des sowjetischen Imperiums. Im Sommer 1988 gründeten rumänisch-moldauische Intellektuelle eine Bewegung zur nationalen Wiedererweckung und Demokratisierung in der Moldauischen SSR, die politisch von Künstlern und Intellektuellen angeführt wurde. Der nationale Erweckungsprozess begann später als in anderen Sowjetrepubliken, verlief jedoch ab 1989 schnell. In diesem Jahr erreichte der Protest gegen den moldauischen Parteichef Simion Grossu seinen Höhepunkt. Mircea Snegur übernahm die Führung der nationalen Bewegung und wurde 1990 Präsident des Obersten Sowjets und 1991 erster Präsident der Republik Moldau, die ihre Souveränität erklärte. Im Frühjahr 1989 formierte sich aus verschiedenen Oppositionsgruppen die moldauische Nationale Volksfrontbewegung, die sich pro-rumänisch ausrichtete und gegen die Diskriminierung der rumänischen Sprache sowie der moldauischen bzw. rumänischen Bevölkerung kämpfte. Trotz der Mehrheit rumänischsprachiger Einwohner wurde die russische Sprache in der Sowjetunion bevorzugt, während Rumänisch kaum gefördert wurde. In Chişinău gab es nur wenige rumänisch/moldauische Schulen und Kindergärten, und Moldauisch wurde im polytechnischen Institut nur als Fremdsprache angeboten. Ohne Russischkenntnisse war ein beruflicher

Aufstieg, insbesondere in den Städten, fast unmöglich. Selbst mit Russischkenntnissen war es für Bessarabier deutlich schwieriger, aufzusteigen, während Russen und Bewohner Transnistriens klar bevorzugt wurden. Bis in die 1980er-Jahre dominierten Russen und Ukrainer die Führungspositionen in Partei, Wirtschaft, Gesellschaft und Militär, und nur wenige Moldauer gelangten an die Spitze. Am 31. August 1989 versammelten sich mehrere Hunderttausend Menschen auf dem Platz der Großen Nationalversammlung im Zentrum von Chişinău, um die Verabschiedung des neuen Sprachgesetzes zu feiern. Die moldauische bzw. rumänische Parlamentsmehrheit beschloss, entgegen dem Widerstand der transnistrischen Abgeordneten und gegen die Empfehlung Gorbatschows, den Wechsel von der kyrillischen zur lateinischen Schrift sowie die Erhebung des Rumänischen zur einzigen Amtssprache auf dem Gebiet der Moldauischen SSR. Am 27. April 1990 wurden zudem die neue Nationalflagge und die neue Hymne verabschiedet. Das nationale Erwachen in den 1980er-Jahren und der Machtverlust der Kommunistischen Partei, die als Garant für russische Interessen galt, förderten eine Gegenbewegung. Anfang 1989 wurde die Interbewegung Unitate-Edinstvo gegründet, bestehend hauptsächlich aus russischsprachigen Funktionären aus Verwaltung und Wirtschaft, die in der moldauischen Nationalbewegung eine Bedrohung ihrer Macht sahen. Kurz darauf entstanden auch die Gagausische Volksfront sowie die Arbeitskollektive (Komitet trudovykh kollektivov – STK). Doch Unitate-Edinstvo konnte republikweit wenig Einfluss auf die Entscheidungen in Chişinău ausüben.

Das Moldauische in lateinischer Schrift wurde zur Amtssprache erklärt, und mit der Unabhängigkeitserklärung der Republik Moldau am 27. August 1991 erfolgte die Umbenennung der Amtssprache von Moldauisch in Rumänisch. Die gewählte Staatsflagge übernahm die Farben der rumänischen Trikolore (»Rot-Gelb-Blau«), und als Nationalhymne wurde die rumänische Hymne »Erwache, Rumäne!« (»Deşteaptă-te, Române!«) festgelegt.

4.1   Sprache

Seit der Unabhängigkeit der Republik Moldau 1991 ist die Frage, ob die Landessprache als »Moldawisch« oder »Rumänisch« bezeichnet werden soll, ein zentraler Streitpunkt. Die moldawische Sprache ist weitgehend identisch mit dem Rumänischen, was auf gemeinsame sprachliche und kulturelle Wurzeln zurückzuführen ist. Dennoch bestehen politische Spannungen: Viele sehen im Begriff »Moldawisch« ein Zeichen für die sowjetische Vergangenheit und die damit verbundene russische Einflussnahme, die eine eigenständige Identität schaffen wollte. Pro-rumänische Kräfte, die oft eine engere Bindung an Rumänien befürworten, bevorzugen die Bezeichnung »Rumänisch«. Die Diskussion um die Sprachbezeichnung spiegelt die tiefergehenden Konflikte in Moldau wider – zwischen einer Orientierung nach Osten oder Westen und zwischen dem Wunsch nach Eigenständigkeit und einer möglichen Vereinigung mit Rumänien.

Moldawisch ist die (nichtwissenschaftliche) Alltags-
bezeichnung für das in der heutigen Republik Moldo-
va (Republik Moldau, Moldawien) bzw. der ehemaligen
Sowjetrepublik Moldawien gesprochene Rumänisch (s. Ru-
mänisch). Ein Teil des historischen Moldau liegt heute in
Rumänien, wo der moldawische Dialekt vor allem auf
dem Land ebenfalls noch in Verwendung ist. In Moldo-
va selbst gibt es darüber hinaus noch Sprecher des Russi-
schen, Ukrainischen, Bulgarischen, Gagausischen, Romani
und anderer Sprachen. Das früher in ganz Moldova, ins-
besondere in den Städten, verbreitete Jiddische (s. Jiddisch)
ist jetzt kaum mehr in Gebrauch und wird größtenteils
nur noch von einigen wenigen alten Leuten beherrscht. [25]

---

25 https://www.oeaw.ac.at/fileadmin/kommissionen/vanishinglan
guages/Collections/Romanian_varieties/Moldovan_Romanian
/Transcription_pdfs/Gabinskij_Mark_2002_-_Moldawisch_
WEEO.pdf

5. Transnistrien – Der ungelöste Konflikt

5.1 Grunddaten

26

Flagge	Wappen
De-facto-Regime, Gebiet ist völkerrechtlich Teil von	Republik Moldau
Amtssprache	Russisch, Moldauisch, Ukrainisch[1]
Hauptstadt	Tiraspol
Regierungsform	Präsidentielles Regierungssystem
Oberhaupt	Präsident Wadim Krasnoselski
Regierungschef	Premierminister Alexander Rosenberg
Fläche	3.567 km²
Einwohnerzahl	347.251 (2021)[2]
Bevölkerungsdichte	105 Einwohner pro km²
Währung	1 Transnistrischer Rubel = 100 Kopeken
Gründung	2. September 1990
Nationalhymne	Hymne Transnistriens
Zeitzone	OEZ (UTC+2)
Kfz-Kennzeichen	PMR
ISO 3166	nicht zugeteilt manchmal ersatzweise: PMR
Telefonvorwahl	+373

---

26   https://de.wikipedia.org/wiki/Transnistrien/10.09.2024

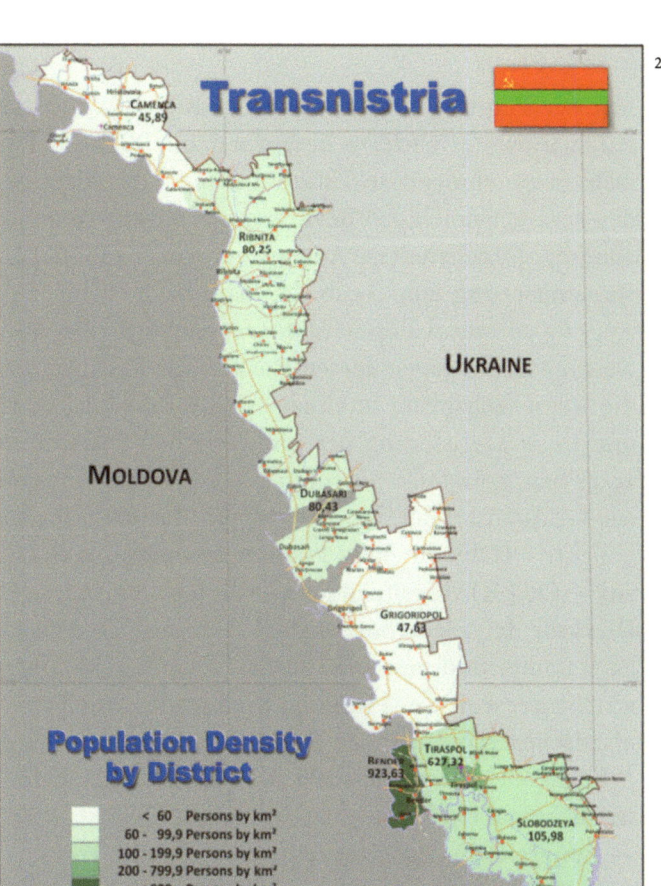

27 http://www.geo-ref.net > mda

5.2 Entstehung des Konflikts

Seit der Perestroika gewann in der Republik Moldau eine national orientierte Bewegung mit Blick auf Rumänien zunehmend an Unterstützung. Dies löste bei den russischsprachigen Bewohnern, Transnistrien und anderen Minderheiten Ängste vor einer möglichen Rumänisierung aus. Teile der nationalistischen Bewegung »Frontul Popular« forderten sogar die Ausweisung der zugewanderten Russen. Als Reaktion auf die Regierungspläne in Chişinău, die Rumänisierung und Entsowjetisierung der Moldauischen SSR voranzutreiben, gründeten die roten Direktoren aus Tiraspol am 11. August 1989 den Vereinigten Rat der Arbeitskollektive (Obiedinennyi komitet trudovykh kollektivov – OSTK). Vorsitzender wurde Igor Smirnov, der Direktor der Elektromas-Fabrik, der aus Kamtschatka stammte und erst 1987 nach Tiraspol gekommen war. Später wurde er Präsident der sogenannten Transnistrischen Moldauischen Republik (PMR). Über 200 Arbeitskollektive mit fast 200.000 Beschäftigten schlossen sich dem OSTK an.

Bereits 1990 organisierte die Führung in Transnistrien ein Referendum, bei dem über 90 Prozent der Wähler für eine Abspaltung von der Republik Moldau stimmten. Danach erklärte 1991 Transnistrien seine Unabhängigkeit.

Im März 1992 startete die Republik Moldau eine Militäroffensive zur Rückeroberung Transnistriens. Auf moldauischer Seite kämpften rumänische Freiwillige, während Transnistrien Unterstützung von russischen, ukrainischen Kämpfern und Kosaken erhielt. Die Kämpfe endeten am 25. Juli 1992 mit einem Waffenstillstand, der seither durch eine »Friedenstruppe« aus russischen, moldauischen und transnistrischen Soldaten überwacht wird.

2003 schlug Dmitri Kosak, damals stellvertretender Leiter der russischen Präsidialverwaltung, ein **Memorandum** vor, das Transnistrien eine Sperrminorität mit der Zuweisung der Hälfte der Parlamentssitze gewährte.

(Memorandum über die Grundprinzipien der Staatsstruktur des Vereinigten Staates (2003)

Vorbereitet unter Beteiligung von Dmitry Kozak, Sonderbeauftragter des russischen Präsidenten. Paraphiert von den Präsidenten der Republik Moldau, Vladimir Voronin, und dem Präsidenten der Pridnestrovskaia Moldavskaia Republika Igor Smirnov

Das Memorandum von Dmitry Kozak, auch als »Kozak-Memorandum« bekannt, wurde im Jahr 2003 als ein Vorschlag zur Beilegung des Transnistrien-Konflikts in Moldau erarbeitet. Es zielte darauf ab, die Republik Moldau und Transnistrien (Pridnestrovskaia Moldavskaia Respublika) in einem föderalen Staat zu vereinen, in dem Transnistrien und die autonome Region Gagausien eine weitgehende Autonomie innerhalb der Republik Moldau erhalten sollten.

Hier sind einige wesentliche Punkte des Memorandums:

1. **Föderalisierung der Republik Moldau:** Moldau sollte ein föderaler Staat werden, bestehend aus Moldau,

Transnistrien und Gagausien. Transnistrien und Gagausien hätten dabei eigene Regierungen und weitreichende Autonomierechte erhalten.

2. **Militärische Präsenz Russlands:** Russland hätte nach dem Entwurf für mindestens 20 Jahre das Recht gehabt, Truppen in Transnistrien zu stationieren, was für Moldau inakzeptabel war, da dies die Abhängigkeit von Russland verstärkt hätte.

3. **Rechte der Regionen:** Transnistrien und Gagausien hätten Vetorechte in Fragen der Außenpolitik und bei Verfassungsänderungen erhalten. Dies hätte diesen Regionen erheblichen Einfluss auf nationale Entscheidungen Moldaus gegeben.

4. **Eingefrorene Konfliktlösung:** Das Memorandum sah keinen konkreten Zeitplan für die vollständige Integration Transnistriens in die Republik Moldau vor, was bedeutet hätte, dass der Konflikt auf unbestimmte Zeit eingefroren geblieben wäre.

Das Memorandum wurde von Vladimir Voronin (Präsident der Republik Moldau) und Igor Smirnov (Präsident von Transnistrien) paraphiert. Jedoch zog Moldau unter dem Druck sowohl der eigenen Bevölkerung als auch internationaler Akteure (wie der USA und der EU) die Zustimmung zum Memorandum zurück, bevor es offiziell unterzeichnet wurde.[28]

Vladimir Chiveri schreibt in seiner Diplomarbeit »Die geopolitische Falle im Transnistrien-Konflikt«

---

28   Malek,2006, 81

»Interessant wäre anzumerken, dass die Gegenbewegung in Transnistrien nicht von den lokalen Kräften organisiert wurde, es sollte nur so wahrgenommen
werden. Die Analyse verschiedener Dokumente aus
dieser Zeit hat ergeben, dass der KGB in Bezug auf die
Gründung dieser Bewegungen eine maßgebliche Rolle
gespielt hat. Auch in anderen Sowjetrepubliken sollte
durch ein solches Szenario die Teilung der Gesellschaft
in zwei unversöhnliche Teile erfolgen.[29]

Im Gebiet Transnistriens gilt heute faktisch die Verfassung der Pridnestrowische Moldauische Republik
(PMR), die am 24. Dezember 1995 per Referendum angenommen und von Igor Smirnov am 17. Januar 1996
unterzeichnet wurde. In dieser Verfassung definiert sich
die PMR als »souveräner« und »unabhängiger Staat«
(Art. 1). Eine Zugehörigkeit zu Moldau wird dabei nicht
erwähnt. Der Justizminister der PMR, Viktor Balala, be-
schrieb die rechtlichen Auswirkungen des Auseinander-
brechens Moldaus mit den Worten: »Seit 1990 haben
Transnistrien und Moldau unterschiedliche Rechts-
systeme, seit 1992 getrennte Budgets und seit 2000 voll-
kommen unvereinbare Steuersysteme.«

Seit dem Waffenstillstand versuchen die wechseln-
den moldauischen Regierungen, die 14. Armee zum Ab-
zug zu bewegen. Transnistrien ist ein stabiles De-facto-
Regime, weil russische Truppen seinen Bestand schützen, die Regierung in Tiraspol finanzielle Hilfen aus
Russland erhält und beide Seiten sich mit dem Status

---

29 Chiveri, 2012, 35

quo arrangiert haben. Transnistrien hat einen eigenen Regierungsapparat aufgebaut, verfügt über eine Armee und eine eigene Währung und stellt Pässe aus. Trotz der Spannungen mit der Regierung in der Republik Moldau treffen sich moldauische und transnistrische Vertreter regelmäßig. Die wirtschaftlichen Beziehungen zwischen beiden sind vergleichsweise unkompliziert. Seit November 2005 gibt es eine Grenzkontrollmission der EU an der moldauisch-ukrainischen Grenze, um den Schmuggel von Waffen-, Menschen- und Drogen zu unterbinden. Transnistrien profitiert seit 2016 vom »Deep and Comprehensive Free Trade Agreement« zwischen Moldova und der EU. Die Ukraine verweigert seit der Krim-Annexion den Nachschub für russisches Militär in Transnistrien über eigene Häfen. Die ursprünglich fünfseitigen Verhandlungen (Republik Moldau, Transnistrien und die drei Mediatoren (Russland, Ukraine und die OSZE) wurden im Herbst 2005 um die EU und die USA als Beobachter erweitert. Das »fünf-plus-zwei«-Format stagniert freilich seit der Ukrainekrise.

5.3 Die aktuelle Situation und ihre Auswirkungen auf die Republik Moldau

2024 befindet sich der Großteil der Industrie der ehemaligen moldauischen Sowjetrepublik in Transnistrien. Im Gegensatz zu Moldau, das überwiegend agrarisch geprägt ist, basiert die transnistrische Wirtschaft auf großen Industrieunternehmen, die größtenteils aus der Sowjetzeit stammen. Diese Betriebe sind stark auf den Export ausgerichtet, und es werden Produkte wie

Stahlplatten, Elektromaschinen, Zement, Möbel, Pumpen, Textilien, Schuhe und Wein hergestellt. Eine bedeutende Sparte ist die Rüstungsindustrie, die aus ehemaligen sowjetischen Anlagen hervorging. Zwei große Kraftwerke befinden sich in Dubossary und Dnestrowsk.

Das größte Unternehmen des Landes ist der Sheriff-Konzern, der Supermärkte, Tankstellen, Spirituosenfabriken und andere Betriebe kontrolliert. Über seine Tochtergesellschaft Interdnestrkom besitzt Sheriff das Monopol im Telekommunikationssektor. Ein weiteres bedeutendes Unternehmen ist Moldova Steel Works in Rîbniţa, ein Stahlhersteller. Transnistrien ist auch für den Spirituosenhersteller KVINT bekannt, der weltweit ausgezeichnete Brandy produziert. Zudem ist der Textil- und Bekleidungshersteller Tirotex einer der größten in Europa, dessen Produkte unter anderem bei Aldi verkauft werden.

Nadja Douglas, Zentrum für Osteuropa- und internationale Studien, zu Transnistriens Wunsch nach Schutz durch Russland in der *tagesschau24, 29.02.2024 17:00 Uhr*

Nadja Douglas:

Transnistrien bittet nicht zum ersten Mal um Schutz. In den vergangenen zwei Jahren, insbesondere seit dem Beginn des russischen Angriffskrieges gegen die Ukraine, hat sich das De-facto-Regime wiederholt auch an die internationalen Partner im 5+2-Format gewandt. Das ist das Format zur Lösung des Transnistrien-Konflikts, immer wieder mit dem

Appell, Sicherheitsgarantien und Friedensgarantien für die Region zu erhalten.

Tatsächlich fühlt sich Transnistrien unter Druck, insbesondere seit die Republik Moldau ihren Weg Richtung EU-Beitritt eingeschlagen hat. Seitdem das 5+2-Format zur Konfliktbeilegung de facto suspendiert ist, wird in der Republik Moldau selbst immer offener über eine mögliche Reintegration Transnistriens gesprochen. Es geht da auch nicht mehr so sehr um Zugeständnisse, die an die Region gemacht werden sollen. Im vergangenen Jahr wurde ein Separatistengesetz verabschiedet, das erstmals sogenannte separatistische Bestrebungen unter Strafe stellt.

Anfang des Jahres wurde ein neues Zollregime eingeführt, das transnistrische Unternehmer in Schwierigkeiten bringt. Das hat enorme Empörung hervorgerufen. Insgesamt wäre ich vorsichtig, den Kongress gestern und die Symbolik, die zwar ganz klar auch mit von Russland gesteuert wird, 1:1 zu vergleichen und Parallelen zu ziehen zu der Situation im Donbas Anfang 2022.

5.3.1 Die Sprachsituation

Die Sprachsituation in der Dnjestr-Republik ist von einer komplexen und wechselvollen Geschichte geprägt. Die moldawische Präsenz östlich des Dnjestr reicht bis ins 17. Jahrhundert zurück, doch erst in der Autonomen Moldawischen Sowjetrepublik (1924–1940) wurde Rumänisch als Unterrichts- und Amtssprache verwendet, wobei zunächst russische und dann lateinische Buchstaben genutzt wurden. Diese Entwicklung wurde durch die Einführung eines »moldawischen« Dialekts (bekannt als »Madanismus«) gestoppt, der eine eigenständige und vom Rumänischen abweichende Sprachform schaffen sollte. Nach 1932 kehrte man kurzzeitig zur rumänischen Standardsprache zurück, bevor unter Stalin eine russisch beeinflusste Dialektform (»Ciobanismus«) durchgesetzt wurde.

Nach dem Zweiten Weltkrieg wurde in Transnistrien offiziell Rumänisch eingeführt, aber aufgrund des geringen Anteils der Moldawier in der Region nahm das Rumänische im Alltag eine untergeordnete Rolle ein. 1989 erklärte die Dnjestr-Republik, entgegen der Entwicklung in der Republik Moldau, drei Staatssprachen: Russisch, Ukrainisch und »Moldawisch«, wobei de facto Russisch dominiert. In den Medien wird oft das »Moldawisch« in kyrillischer Schrift verwendet, doch das Moldawische bleibt insgesamt in der Dnjestr-Republik marginal.

Für die Unionisten in Bessarabien besteht ein zwiespältiges Verhältnis zur Region. Einige sehen Transnistrien als »Ostrumänien« mit historischen Ansprüchen, andere würden zugunsten territorialer Ansprüche in Südbessarabien und der Bukowina auf die Region verzichten. Diese Debatten haben jedoch kaum Auswirkungen auf die Sprachpolitik in der Dnjestr-Republik.[30]

---

30 Vgl. https://www.oeaw.ac.at/fileadmin/kommissionen/vanishinglanguages/Collections/Romanian_varieties/Moldovan_Romanian/Transcription_pdfs/Gabinskij_Mark_2002_-_Moldawisch_WEEO.pdf/07.11.2024

6. Gagausien-Autonomie und Spannungen

Bereits 1801 wurden die ersten gagausischen Ansiedler in diesen Gebieten registriert, doch die großen Migrationswellen folgten nach dem russischen Sieg von 1812. Seitdem bewahren die Gagausen ihre Zuwendung zum Russischen Reich bis in die Gegenwart. Bessarabien wurde faktisch in das Russische Reich eingegliedert, und auf der Flucht vor muslimischer Verfolgung schlossen sich die Gagausen Russland an. Die religiöse Zugehörigkeit spielte dabei eine zentrale Rolle. Die Mehrheit der Gagausen gehört entweder der moldauisch- oder russisch-orthodoxen Kirche an. Trotz der Unterscheidung zwischen beiden Kirchen eint sie eine pro-russische Ausrichtung, ohne dass dies als politische Orientierung bezeichnet wird.[31]

Die christlich-orthodoxen Gagausen sprechen Gagausisch (gagauzca), eine Sprache, die eng mit dem Türkischen verwandt ist. Ursprünglich lebten sie in der Region um Varna an der Schwarzmeerküste (Bulgarien) und begannen im frühen 19. Jahrhundert, nach Bessarabien zu migrieren, wo sie heute vor allem in der Republik Moldau ansässig sind. Ihre Umsiedlung in dieses Gebiet erfolgte im Zuge der russischen Eroberung, nachdem das Osmanische Reich im späten 19. Jahrhundert diese Gebiete verlor. Aufgrund der Flucht der muslimischen

---

31   Vgl. Ihrig, 2012,204

Bevölkerung infolge des russisch-osmanischen Krieges ließ der russische Zar unter anderem Gagausen, Bulgaren und Deutsche in der Region dort siedeln.[32]

Zur Sprache schreibt Schulze:

»Gagausisch wird vor allem im Süden der Republik Moldova (in der Gagausischen Republik, *Gagauz Yeri*) und in der südostlichen Ukraine gesprochen. Es gehört zu den westoghusischen Varietäten der Turksprachen und ist demnach deren südwestlichem Zweig zuzuordnen. Nächste Verwandte sind das Türkei-Türkische und seine Balkandialekte, das Krimosmanische sowie das Aserbaidschanische, in etwas entfernter Verwandtschaft steht es zum Turkmenischen und zu den oghusischen Sprachen des Iran (Kaschkai, Son- qor-Türkisch usw.) und Afghanistans (Afschar). Gagausisch hat folgende (angenäherte) Sprecherzahlen:

150.000 in Südmoldova, 27–30.000 in der Ukraine (südlich von Odesa), 10.000 in der Russischen Föde- ration, 1000 in Kasachstan, etwa 400 Sprecher in Nordbulgarien, wenige in Rumänien, der Türkei, Ost- makedonien und Nordgriechenland (Evros). Der Großteil der Gagausen siedelt im moldawischen Teil des Bugeac. Kulturelles und administratives Zentrum ist die Stadt Comrat. Die Gagausen sind orthodoxen oder baptistischen Glaubens.

Auch wenn in Comrat eine gagausische Universität eingerichtet worden ist, wodurch die Sprache auch einen wissenschaftlichen Status erlangt hat, muss die Situation des Gagausischen heute als bedrohlich bezeichnet

---

32   Vgl.Kahl,2015,147

werden. Die Mehrzahl der Kinder gagausischer Herkunft kennt die Sprache vornehmlich passiv. Die auf Sicherung der sozioökonomischen Strukturen und Standards der Republik Gagausien abzielende Politik der lokalen Administration lässt offenbar wenig Raum für weit gehende edukative Maßnahmen. Hinzu kommt, dass das Gagausische aufgrund seiner sehr jungen Verschriftung über keine umfassende literarische Tradition verfügt«[33]

Das rot gekennzeichnete Gebiet umfasst ca.1800km²

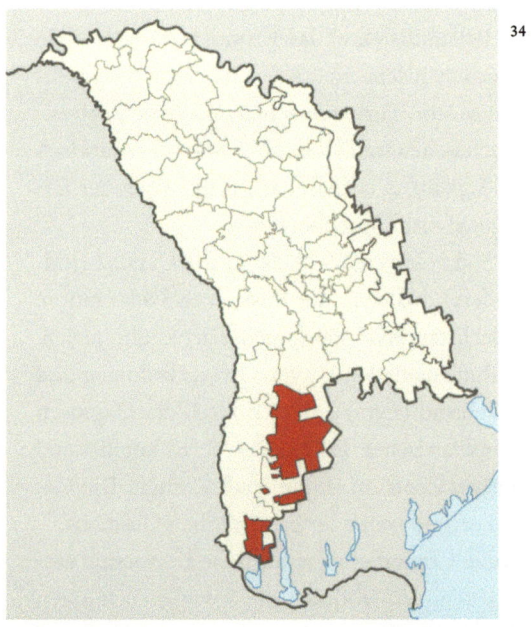

[34]

---

33   Schulze, https://eeo.aau.at/wwwg.uni-klu.ac.at/eeo/Gagausisch. pdf/12.09.2024

34   https://de.wikipedia.org/wiki/Datei:Gagauzia_in_Moldova.svg#/ media/Datei:Gagauzia_in_Moldova.svg/12.09.2024

Die Bevölkerung Gagausiens in 1000[35]

	Total population	including		Average number of population for 2013
		urban	rural	
U.T.A. Găgăuzia	**161,9**	**65,5**	**96,4**	**161,80**
Mun. Comrat	26,0	26,0	-	25.85
city Ciadîr-Lunga	22,8	22,8	-	22.85
city Vulcănești	17.0	16.7	0.3	17.00
villages (communes)	96.1	-	96.1	96.10

6.1 Der Weg in die Autonomie

Um nicht an zwei Fronten kämpfen zu müssen, insbesondere um eine weitere Zersplitterung des moldauischen Staates zu verhindern, sahen sich die moldauischen Behörden gezwungen, den Forderungen der Gagausen nachzugeben. Anders als im Fall Transnistriens verfügte die moldauische Regierung in solchen Konflikten bereits über mehr Erfahrung und agierte mit größerer Nachsicht und politischem Geschick. Nach dem Bürgerkrieg in Transnistrien 1992 setzten die moldauischen Behörden im Dialog mit Gagausien auf intensive diplomatische Verhandlungen, die besonders bis Ende 1994 vorangetrieben wurden. Schließlich lenkte Moldau ein und gewährte Gagausien umfassende Autonomierechte. Da die Gagausen zudem Sicherheitsgarantien forderten, führte Moldau am 29. Juli 1994 eine weitreichende Verfassungsreform durch. Die Autonomierechte wurden mit dem Inkrafttreten der neuen Verfassung am Unabhängigkeitstag

---

35 https://statistica.gov.md/en/number-of-resident-population-in-the-republic-of-moldova-as-9578_1433.html

der Republik Moldau, dem 27. August 1994, offiziell garantiert.

Tontsch schreibt dazu:

>Das Gesetz definiert in Art. 1 Abs. 1 Gagausen-Land (Gagauz-Yeri) als »eine autonome Gebietseinheit mit einer besonderen Rechtsstellung, die als Form der Selbstbestimmung der Gagausen ein Bestandteil der Republik Moldau ist«. Die Besonderheit des Modells territorialer Autonomie, das hier gewählt wurde, ergibt sich aus der Bestimmung des Art. 1 Abs. 4, an der das gesamte Projekt fast gescheitert wäre, aber am Ende von der gagausischen Seite hat durchgesetzt werden können. Demnach hat Gagausien ein Recht auf Sezession, sofern die Republik Moldau sich mit Rumänien vereinigen sollte. Darin spiegeln sich die Befürchtungen der Gagausen wider, die sich aus schlechter Erfahrung mit den rumänischnationalen Kreisen in der Moldau selbst, aber auch mit der geschichtlichen Erfahrung aus der Zeit der Zugehörigkeit Bessarabiens zu Rumänien genährt haben.«[36]

In ihrer neuen Heimat litten die Gagausen nach der Eingliederung Bessarabiens in das rumänische Staatsgebiet im Jahr 1918 unter einer intensiven Rumänisierungspolitik, die auch zahlreiche Zwangsumsiedlungen ins rumänische Kernland mit sich brachte. Nach der sowjetischen Eroberung Bessarabiens in den Jahren 1940/41 und 1944

---

36   https://iorr.uni-koeln.de/sites/ostrecht/forschung/Minderheiten schutz_im_oestlichen_Europa/Moldau_Tontsch.pdf

verbesserten sich die Lebensbedingungen der Gagausen in der neu geschaffenen Moldauischen SSR.

Ein wesentlicher Grund für die starke Orientierung der Gagausen Richtung Russland liegt in den dortigen Arbeitsmöglichkeiten. Zwar hat die Europäische Union die Visumspflicht für Bürger der Republik Moldau aufgehoben, jedoch bleibt ihnen der Zugang zum Arbeitsmarkt verwehrt. Viele gagausische Männer wandern daher in die Russische Föderation aus, wo sie häufig im Baugewerbe tätig sind. Für gagausische Frauen hingegen bietet der türkische Arbeitsmarkt bescheidene Perspektiven, da die geringe Sprachbarriere und ihr guter Ruf als »Europäerinnen« die Nachfrage seitens türkischer Arbeitgeber erhöhen. Sie finden dort oft Anstellungen als Haushaltshilfen und unterstützen so, wie die Männer in Russland, ihre Familien finanziell.

Die Gagausen teilen eine sprachliche und kulturelle Nähe zur Türkei, die seit der Beilegung des Konflikts mit der moldauischen Zentralregierung erhebliche finanzielle Mittel für Infrastruktur, Kultur und Bildung bereitstellt. Unter anderem wurde die Erstellung gagausischer Lehrbücher sowie der Bau einer nach Mustafa Kemal Atatürk benannten Bibliothek in Comrat finanziert.

Es scheint, dass die Gagausen, durch die Übernahme europäischer Standards in der Justiz, der Pressefreiheit und im Kampf gegen Korruption, verbunden mit einer starken wirtschaftlichen Zusammenarbeit sowohl mit der Türkei als auch mit der Russischen Föderation, einen Weg suchen, um ihre Lebenssituation zu verbessern.

7. Deutsche Vergangenheit in der Republik Moldau

Im Jahr 1814 begann die Einwanderung deutscher Kolonisten nach Bessarabien, denen Zar Alexander I. Land sowie Freiheitsrechte zugesichert hatte. Der Großteil der deutschen Einwanderer wurde ab diesem Zeitpunkt in den sogenannten »Mutterkolonien« sowie weiteren Siedlungen im südlichen Teil des Landes, dem Budschak, angesiedelt. Naslawtscha*, gegründet 1817, war die erste deutsche Siedlung auf dem Gebiet der heutigen Republik Moldau. Ab der zweiten Hälfte des 19. Jahrhunderts entstanden blühende deutsche Gemeinden wie etwa Mariewka**. Die Siedler entwickelten die Landwirtschaft und das Handwerk und lebten in friedlicher Koexistenz sowie produktivem Austausch mit anderen Bevölkerungsgruppen, darunter Moldauer, Ukrainer, Russen, Bulgaren und Juden. Innerhalb von nur fünf bis sechs Generationen entstanden in ihrer 125-jährigen Siedlungsgeschichte mehr als 150 Dörfer.

In der Hauptstadt Bessarabiens, Kischinew, spielte der deutschstämmige Bürgermeister Karl Schmidt**** eine zentrale Rolle bei der Entwicklung der Stadt. Zwischen 1877 und 1903 trug er zusammen mit weiteren Persönlichkeiten deutscher Herkunft dazu bei, Kischinew zu einer modernen europäischen Metropole auszubauen, die »schöner als Odessa« werden sollte. Schmidt förderte den Bau zahlreicher Gebäude durch renommierte Architekten und modernisierte die Infrastruktur, indem er unter anderem die Kanalisation, Straßenpflasterung und eine Pferdebahn einführte. Darüber hinaus setzte er sich für kulturelle und soziale Einrichtungen wie Schulen, Krankenhäuser und die Armenfürsorge ein.[37]

* Naslawtscha (auch Naslavcea) ist der Name eines Dorfes im Norden der heutigen Republik Moldau, das 1817 als erste deutsche Kolonie auf dem Gebiet des damaligen Bessarabiens gegründet wurde. Die Ansiedlung war Teil der deutschen Kolonisationsbewegung in Bessarabien, die unter Zar Alexander I. gefördert wurde. Den deutschen Kolonisten wurden Land und besondere Rechte zugesichert, was die Grundlage für ihre Ansiedlung in dieser Region bildete.

Naslawtscha war eine der ersten deutschen Siedlungen in diesem Gebiet und spielte eine wichtige Rolle bei der Entwicklung der landwirtschaftlichen und handwerklichen Infrastruktur der Region. Die Kolonie trug zur Etablierung weiterer deutscher Gemeinden in Bessarabien bei und war ein Vorbild für die nachfolgenden Siedlungen im Budschak und darüber hinaus.

** Mariewka war eine deutsche Siedlung in Bessarabien, die in der zweiten Hälfte des 19. Jahrhunderts gegründet wurde. Sie war Teil der deutschen Kolonisationsbewegung, bei der deutsche Einwanderer unter der Schirmherrschaft des russischen Zarenreiches in Bessarabien angesiedelt wurden. Diese Kolonisten, überwiegend Bauern und Handwerker, erhielten Land und bestimmte Privilegien, die ihnen halfen, in der Region erfolgreich Landwirtschaft und Gewerbe zu betreiben.

---

37 Vgl.Schmidt,2014, 5

Mariewka, wie viele andere deutsche Dörfer in Bessarabien, entwickelte sich zu einer blühenden landwirtschaftlichen Gemeinde. Die Bewohner bauten Getreide, Wein und Obst an und trieben auch Viehzucht. Die Siedlung pflegte gute Beziehungen zu anderen ethnischen Gruppen der Region wie Moldauern, Ukrainern, Russen und Bulgaren. Über die Zeit entwickelte sich eine enge wirtschaftliche und soziale Zusammenarbeit.

Karl Schmidt deutscher Bürgermeister von Chişinău 1877-1903

38

---

38   https://de.wikipedia.org/wiki/Karl_Schmidt_(B%C3% BCrgermeister)

**** Olga Garusov schreibt zu Karl Schmid:

»Karl Schmidt war zu seinen Lebzeiten zur Legende geworden. Seine Amtszeit als Stadtoberhaupt (Bürgermeister) bildete eine Epoche, die die Lebensweise, die Kultur und das Erscheinungsbild von Kischinjow wesentlich veränderte, das die Zeitgenossen europäisch nannten. In den Jahren der schmidtschen Verwaltung (1877-1903) wurde eine radikale Umgestltung der Kommunalwirtschaft der Stadt durchgeführt, die die Perspektive ihrer Entwicklung für die Jahrzehnte bestimmt hatte. Dankbare Zeitgenossen gestanden ihm zu Recht die Rolle des Reformators, »*des Schöpfers vom neuen Kischinjow*« zu. »*Was K.A. Schmidt für Kischinjow gemacht hat, ist nicht schwer zu sagen. Das wissen alle. Das sieht jeder. Die Stadt, die im Dreck und in der Finsternis buchstäblich versank, verwandelte sich wie nach dem Wink eines Zauberers und stellte sich in die Reihe mit anderen großen Kulturstädten. In den 25 Jahren seiner Amtstätigkeit hat er mehr geschafft als andere in hundert Jahren*«. Es gab würdige Führungspersönlichkeit vor und nach Schmidt, aber nur über ihn wurde gesagt:« *Die Stadt Kischinjow war eine der glücklichsten in Russland, solch einen Anführer an der Spitze der Stadtverwaltung zu haben*«.[39]

Das Pogrom gegen die Juden in Chişinău im April 1903 war der endgültige Auslöser, der Karl Schmidt dazu veranlasste, sein Amt niederzulegen. Er, der so viel zur

---

39   Garusov, Veröffentlicht am 09.10.2020 von Sala Germana De Lectura, Chisinau

Europäisierung der Stadt beigetragen hatte, konnte nicht fassen, dass die Einwohner eine so barbarische Mentalität an den Tag legen konnten. Aus diesem Grund trat er zurück – und er tat es mit vollem Recht. Ein feinfühliger und hingebungsvoller Mann wie er war unvereinbar mit den »schwarzen Falken«, die den politischen Ton der Zeit Angaben. Sein Rücktritt war die stärkste Lektion, die er der Bevölkerung erteilen konnte.

Er erlebte die Vereinigung Bessarabiens mit Rumänien und beobachtete den Stil und die Ambitionen der rumänischen Verwaltung, die den Namen der Schmidt-Straße unverändert ließen. Erst 1927 verstarb er, bereits zu Lebzeiten zu einem Relikt der Vergangenheit geworden.

Kürzlich hat das Rathaus von Chișinău an seinem ehemaligen Wohnhaus in der Varlaam-Straße, an der Kreuzung mit der Eminescu-Straße, eine Gedenktafel mit zweisprachigem Text (Rumänisch und Deutsch) angebracht, die an den ehemaligen Bürgermeister Karl Schmidt erinnert. Es wäre von großer Bedeutung, den Geist seiner Hingabe an die europäische Stadt Chișinău lebendig zu erhalten.

7.1 Provinz Bessarabien (1812-1917)

Die deutschen Einwanderer, die sich in der Provinz Bessarabien niederließen, waren Kolonisten, die ursprünglich zwischen 1796 und 1806 nach Zentralpolen eingewandert waren. Die napoleonischen Kriege machten den deutschen Siedlungen das Leben schwer, da sie im Weg der napoleonischen Invasion in Russland lagen.

Als die Russen sie aufforderten, sich in Bessarabien neu anzusiedeln, kamen zwischen 1814 und 1815 mehr als 1.500 Familien. Die 25 Mutterkolonien wurden zwischen 1814 und 1842 gegründet: Alt-Posttal, Beresina, Borodino, Brienne, Dennewitz Friedenstal, Gnadental, Hoffnungstal, Katzbach, Klöstitz [Kloestitz], Krasna, Kulm, Leipzig, Lichtental, Neu-Arzis, Neu-Elft Paris, Plotzk, Sarata, Schabo-Kolonie, Tarutino, Teplitz und Wittenberg. Alle Kolonien in Bessarabien waren protestantisch, außer einer katholischen Kolonie, Krasna. 1918 wurde Bessarabien ein Teil Rumäniens.[40]

Exkurs: Juden in Bessarabien

Im 14. Jahrhundert erlaubte König Roman der jüdischen Gemeinde, sich dauerhaft in Moldawien niederzulassen. Im 16. Jahrhundert kamen jüdische Einwanderer aus Polen und Deutschland. Im 17. Jahrhundert fielen die Khelminitsky-Kosaken zweimal in das Land ein und verursachten Schrecken und Pogrome. Im 18. Jahrhundert siedelte der türkische Sultan Juden aus der Türkei nach Moldawien und Rumänien um. Als Bessarabien 1812 Teil des Russischen Reiches wurde, lebten hier 50.000 Juden. Die Provinz Bessarabien war Teil der Pale of Settlement. Den Juden wurden einige Privilegien gewährt, zum Beispiel das Recht, Grundstücke zu kaufen und zu pachten. Viele Juden kamen aus anderen Teilen Russlands und sogar aus europäischen Ländern nach Moldawien. Ende des 19. Jahrhunderts machten

---

40 https://www.google.com/maps/d/u/0/viewer?mid=1cN_Us8DJ_
GmD4hwnYwiIt4uasA0&ll46=.95522586915202%2C28.44650000
000003&z=5

230.000 Juden 12 % der Gesamtbevölkerung Bessarabiens aus, in einigen Städten (Beltsy, Orhei, Soroca) sogar über 50 %.[41]

Jahr	Gesamtbevölkerung	Moldauer / Rumänen	Ukrainer	Russen	Gagausen	Bulgaren	Juden	Deutsche	Andere
1897[3]	1.94 Mio.	47.6 % ¹	19.6 %	8.1 %	2.9 % ²	5.3 %	11.8 %	3.1 %	1.6 %
1930	2.86 Mio.	56.23 %	10.97 %	12.28 %	3.43 %	5.7 %	7.15 %	2.83 %	1.39 %

Deutsche Siedlungen in Bessarabien 1812-1917 [42]

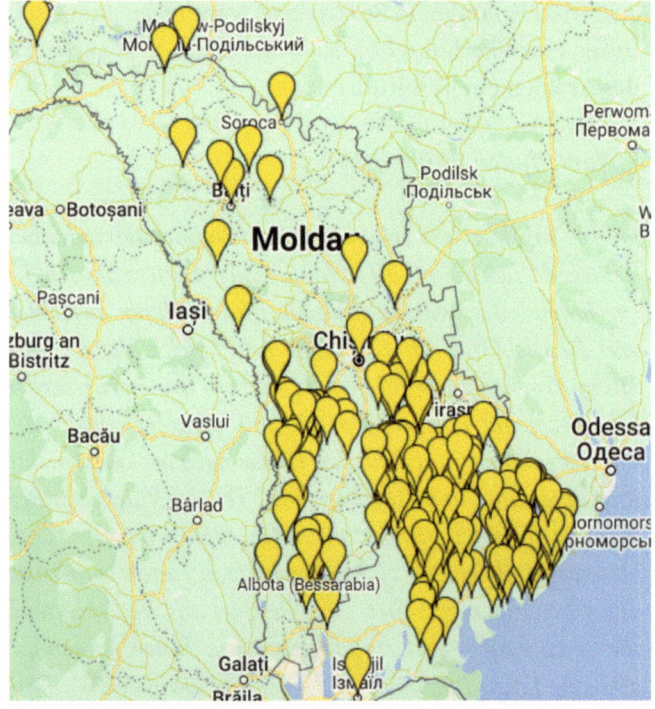

41 https://de.wikipedia.org/wiki/Bessarabien#Bev%C3%B6lkerung
42 https://www.google.com/maps/d/viewer?mid=1Sz-Sn4I1F-iqS2sNeeTPZ6-Jd8I&shorturl=1&ll=46.4813704993216%2C29.478520706650308&z=8/23.11.2024

7.2 Die Deutschen unter rumänischen Herrschaft 1918-1940

Unter rumänischer Herrschaft mussten sich die Bessarabiendeutschen an eine neue Verwaltung und ein neues politisches System anpassen. Viele der bisherigen Privilegien, die sie unter dem Zarenreich genossen hatten, gingen verloren. Rumänien verfolgte eine Politik der Nationalisierung und versuchte, die Integration der Minderheiten, darunter auch der Deutschen, voranzutreiben.

Die deutsche Minderheit organisierte sich dennoch politisch und kulturell und »konnte durch ihre enge Gemeinschaft und wirtschaftliche Stärke bestehen. In dieser Zeit erlebten die deutschen Gemeinden in Bessarabien auch eine Phase der Modernisierung und des wirtschaftlichen Aufschwungs, insbesondere in der Landwirtschaft. Es wurden weiterhin Schulen in deutscher Sprache betrieben, und die Bessarabiendeutschen bewahrten ihre kulturelle Identität.

Cusco berichtet: »1930 waren in hatte Bessarabien 2.863.409 Einwohner davon 2,8% Deutsche«[43] (80.175 Deutsche)

Schmidt schreibt über die Rumänisierung:

»Die Rumänisierung war nach 1918 ein erklärtes Ziel der offiziellen rumänischen Kulturpolitik. Sie erklärt sich allerding nur zum Teil aus dem-legitimen-Motiv, die »Entnationalisierung« der Rumänen, die vor 1918

---

43   Vgl. Cusco,2012,69 ff

außerhalb des damaligen rumänischen Staatsgebietes gelebt hatten, rückgängig machen.«[44]

7.3 Zweiter Weltkrieg und Umsiedelung der Deutschen

Die entscheidendste Wende kam 1940. Im Rahmen des Hitler-Stalin-Paktes (Molotow-Ribbentrop-Pakt) wurde Bessarabien der Sowjetunion zugeschlagen. Die rumänische Regierung musste das Gebiet an die UdSSR abtreten. In der Folge wurde ein Umsiedlungsabkommen zwischen Nazi-Deutschland und der Sowjetunion ausgehandelt, dass die Umsiedlung der Bessarabiendeutschen vorsah.

Etwa 93.000 Bessarabiendeutsche wurden zwischen 1940 und 1941 nach Deutschland umgesiedelt. Sie wurden zunächst in Lagern in Deutschland untergebracht und später in den von den Nazis besetzten Gebieten, vor allem im besetzten Polen, angesiedelt. Dieser Prozess, der als »**Heim ins Reich**«-Umsiedlung bekannt wurde, bedeutete das Ende der mehr als 125-jährigen Geschichte der deutschen Siedlungen in Bessarabien.

---

44   Schmidt,2008, 301

8. Die Republik Moldau nach der Unabhängigkeit 1991

Kührer-Wielach und Suveica schreiben zur Staatsgründung:

»Am 27. August 1989 fand eine »Große Nationalversammlung« (Marea Adunare Națională) mit rund 500 000 Teilnehmerinnen und Teilnehmern statt. Unter dem Druck der Massen verabschiedete die Sowjetführung daraufhin ein Gesetz, das die moldauische Sprache in lateinischer Schrift zur alleinigen Staatssprache erklärte. Am 23. Juni 1990 erließ der Oberste Sowjet der MSSR eine Souveränitätserklärung für die Sozialistische Sowjetrepublik Moldawien. Als Reaktion darauf riefen fünf mehrheitlich von etwa 153 000 Gagausen bewohnte Bezirke im südlichen Teil des Landes eine Gagausische SSR aus. Im September wurde zudem eine autonome Transnistrische SSR gegründet, die sich als legitime Nachfolgerin der 1924 gegründeten Moldauischen ASSR betrachtete. Die transnistrische Bevölkerung teilt sich, neben verschiedenen Minderheitengruppen, in je ein Drittel Moldauer, Russen und Ukrainer. Beide SSRs wurden in ihrem Separatismus von Moskau unterstützt. Unter diesen schwierigen Umständen erklärte die Republik Moldau am 27. August 1991 ihre Unabhängigkeit.«[45]

---

45   Kührer-Wielach, Suveica, 2024, 9-10

8.1 Die Identitätsentwicklung

»Nach der Unabhängigkeitserklärung Moldaus 1991 begann eine intensive Debatte über die nationale Identität des Landes und seiner Bevölkerung. Die moldauische Flagge, die stark der rumänischen Trikolore ähnelt, symbolisiert die engen kulturellen und historischen Verbindungen zu Rumänien. Vor der Statue von Stefan dem Großen*, die 1989 am Eingang des Chișinăuer Zentralparks wieder aufgestellt wurde, finden regelmäßig Kundgebungen für eine Vereinigung mit Rumänien statt. Im Gegensatz zu den baltischen Staaten gab es in Moldau jedoch keine umfassende Entsowjetisierung; sowjetische Symbole wurden zwar entfernt, aber der öffentliche Raum blieb in Teilen unverändert.

Flagge

Die Entwicklung der Flagge der Republik Moldau spiegelt die historischen und kulturellen Verbindungen des Landes wider. Nach der Unabhängigkeitserklärung von der Sowjetunion 1991 entschied sich Moldau für eine

Trikolore, die stark der rumänischen Flagge ähnelt, bestehend aus drei vertikalen Streifen in den Farben Blau, Gelb und Rot. Diese Farbwahl symbolisiert die historische Zugehörigkeit Moldaus zu Rumänien und die gemeinsame kulturelle Vergangenheit.

In der Mitte der Flagge befindet sich das Staatswappen, das einen Adler zeigt, der ein orthodoxes Kreuz hält und ein Schild mit einem Auerochsenkopf trägt, einem wichtigen Symbol für die historische Region Moldau. Diese Kombination aus Farben und Symbolen betont die nationale Identität des Landes sowie die Bestrebungen, sich von der sowjetischen Vergangenheit abzugrenzen und eine eigene souveräne Zukunft zu gestalten.

Wappen

Das Wappen der Republik Moldau hat eine lange und symbolträchtige Entwicklung, die tief in der Geschichte des Landes verwurzelt ist. Es repräsentiert die historischen und kulturellen Wurzeln Moldaus sowie seine staatliche Unabhängigkeit.

Das zentrale Symbol des Wappens ist der Kopf eines Auerochsen, der für die historische Region Moldau steht. Der Auerochse war bereits im Mittelalter ein wichtiges Emblem der moldauischen Fürsten, und seine Darstellung symbolisiert Stärke und Tapferkeit. Zwischen den Hörnern des Auerochsen befindet sich ein fünfzackiger Stern, der für den Aufstieg und die Hoffnung auf eine bessere Zukunft steht.

Darunter sind ein Halbmond und eine Rose abgebildet, Symbole für Weisheit und die christliche Tradition des Landes. Der Schild wird von einem goldenen Adler gehalten, der ein orthodoxes Kreuz in seinem Schnabel trägt, was den christlichen Glauben Moldaus hervorhebt. Der Adler hält auch ein Zepter und einen Olivenzweig, die für Macht und Frieden stehen.

Das Wappen Moldaus wurde nach der Unabhängigkeit des Landes von der Sowjetunion im Jahr 1990 offiziell angenommen. Es spiegelt den Wunsch Moldaus wider, seine nationale Identität und seine historischen Wurzeln wieder zu betonen, während es sich gleichzeitig auf eine unabhängige und souveräne Zukunft zubewegt.

Eine 2010 ins Leben gerufene Kommission zur Untersuchung des totalitären kommunistischen Regimes konzentrierte sich auf die Opfer sowjetischer Deportationen und Hungersnöte. Die Verbrechen des rumänischen Regimes, an denen auch Teile der moldauischen Bevölkerung beteiligt waren, blieben hingegen weitgehend unbeachtet. Ein staatliches Programm von 2015 zur »historischen Aufarbeitung der Opfer des totalitären kommunistischen Regimes in der Moldauischen SSR« führte zur Errichtung eines Museums für die Opfer von Deportationen und politischen Repressionen.

Am 22. Juli 2016 verurteilte das moldauische Parlament in einer Erklärung die systematische Verfolgung und Vernichtung der Juden durch die Nationalsozialisten und ihre Kollaborateure sowie jeden Versuch, den Holocaust zu leugnen. Die Erinnerung an die Verbrechen des rumänischen Holocausts und der sowjetischen Herrschaft bleibt jedoch politisch stark aufgeladen. Wie in vielen anderen Ländern, die unter zwei totalitären Regimen litten, prägt die Konkurrenz um die Opferrollen auch die moldauische Erinnerungskultur.

Diese Spaltung zeigt sich besonders am 9. Mai, wenn ein Teil der Bevölkerung den Sieg der Sowjetunion über den Faschismus feiert, während andere auf die sowjetische Unterdrückung verweisen. Auch beim Gedenken an die Opfer des Transnistrienkrieges von 1992 treten die politischen Lager getrennt auf. Die Notwendigkeit eines erinnerungspolitischen Konsenses ist offensichtlich, jedoch bleibt seine Umsetzung in der moldauischen Gesellschaft noch nicht erreicht.«[46]

Nationale Identität wird unter anderem auch durch Gemeinsame Geschichte und Erinnerungskultur gestärkt: Eine geteilte Vergangenheit, die oft durch historische Ereignisse wie Kriege, Unabhängigkeitsbewegungen oder Revolutionen geprägt ist, bildet das Fundament der nationalen Identität. Gedenktage, Denkmäler und Erzählungen spielen eine wichtige Rolle bei der Vermittlung dieser kollektiven Geschichte.

---

46   Vgl. Kührer-Wielach, Suveica, 2024, 13

Stefan dem Großen (Stefan cel mare, 1457-1504)

Das Fürstentum Moldau wechselte lange Zeit zwischen polnischer und ungarischer Oberhoheit. Unter der Herrschaft von Stefan dem Großen erlangte es schließlich seine vollständige Unabhängigkeit. Türkische Versuche, das Fürstentum zu erobern, scheiterten. Im Jahr 1465 gliederte Stefan der Große Südbessarabien an das Fürstentum Moldau an, verlor dieses Gebiet jedoch 1484 wieder. Er bemühte sich um eine Allianz aller christlichen Länder gegen das Osmanische Reich, doch diese Koalition kam nicht zustande. Seine Nachfolger stellten sich schließlich unter den Schutz des mächtigen Osmanischen Reiches.

8.1.1 Stefan der Große als Symbolfigur der moldauischen Identität

Daniel Ursprung schreibt zur Identitätsfigur:

»Der 500. Todestag des von 1457-1504 regierenden Fürsten Stefan am 2. Juli 2004 wurde in Rumänien wie in der Republik Moldau zu einem grossen Ereignis stilisiert, das mit unzähligen kulturellen Anlässen, Publikationen und Festveranstaltungen gefeiert wurde. Offizielle Repräsentanten beider Länder nutzten die Gelegenheit, um Stefan den Großen öffentlich für die eigene Seite zu reklamieren.«[47]

Das Denkmal von Ştefan cel Mare (Stefan dem Großen) am Eingang des zentralen Parks in Chişinău, Moldawien,

---

47   Ursprung, 2005, !5

ist eines der bedeutendsten nationalen Symbole des Landes und steht für das historische und kulturelle Erbe Moldaus. Es ist eng mit der Geschichte der moldauischen Unabhängigkeit und der nationalen Identitätsbildung verbunden. Das Denkmal wurde im Jahr 1928 anlässlich des 470. Geburtstags von Ștefan cel Mare, einem der bedeutendsten Fürsten Moldawiens, errichtet. Er gilt als Symbol für den Widerstand und die Verteidigung der moldauischen Unabhängigkeit. Das Denkmal, gestaltet von dem Bildhauer Alexandru Plămădeală, zeigt Ștefan cel Mare in heldenhafter Pose, ein Kreuz in der Hand, dass seine Rolle als Verteidiger des christlichen Glaubens betont. Der Standort des Denkmals am Eingang des Parks ist nicht zufällig gewählt: Der Park ist ein zentraler und symbolischer Ort in Chișinău. Mit der sowjetischen Besetzung von Bessarabien im Jahr 1940 wurde das Denkmal, wie viele nationale Symbole, von den neuen Machthabern entfernt. Die Sowjetunion versuchte, die moldauische Identität durch die Förderung sozialistischer Werte und die Unterdrückung nationalistischer Symbole zu schwächen. Während der rumänischen Kontrolle über Bessarabien im Zweiten Weltkrieg wurde das Denkmal 1942 wieder an seinem ursprünglichen Standort aufgestellt. Rumänien betrachtete Ștefan cel Mare als wichtigen Teil seiner eigenen nationalen Geschichte, und das Denkmal symbolisierte die kulturelle und historische Verbindung zwischen Moldau und Rumänien. Nach dem erneuten Einmarsch der sowjetischen Truppen 1944 wurde das Denkmal erneut entfernt. Es folgte eine Phase der sowjetischen Repression, in der viele nationale Symbole unterdrückt oder neu interpretiert wurden. In dieser Zeit verschwand das Denkmal aus dem öffentlichen Raum, da es nicht in die ideologische Linie der Sowjetmacht passte, die versuchte, den moldauischen Nationalismus zu unterdrücken. In den späten 1980er Jahren, als sich die Sowjetunion aufzulösen begann und die nationalen Bewegungen in Moldau erstarkten, wurde das Denkmal im Jahr 1989 wieder aufgestellt. Dies geschah inmitten der Bewegung für die moldauische Unabhängigkeit, die durch die Große Nationalversammlung von 1989 und die anschließende Unabhängigkeitserklärung 1991 gekrönt wurde. Die Wiedererrichtung des Denkmals war ein starkes Symbol für die nationale Wiedergeburt Moldaus und die Rückbesinnung auf die eigene Geschichte und Identität. Heute ist es ein zentraler Ort für Kundgebungen, Gedenkveranstaltungen und Feierlichkeiten, die die nationale Identität und die historischen Verbindungen zu Rumänien betonen.

Gegenwärtige Bedeutung:

Das Denkmal von Ştefan cel Mare ist heute eines der wichtigsten Wahrzeichen Moldaus und ein beliebter Treffpunkt im Herzen von Chişinău. Es erinnert an den Fürsten Stefan den Großen als Verteidiger des Landes und des christlichen Glaubens und spiegelt die anhaltende Suche des Landes nach einer nationalen Identität wider.

In der moldauischen Gesellschaft hat das Denkmal auch eine tiefe emotionale Bedeutung, da es nicht nur die Geschichte eines Helden würdigt, sondern auch als Symbol für die Unabhängigkeit und die Bestrebungen des moldauischen Volkes dient.

8.2 Die Politische Entwicklung

8.2.1 Die Transformation zur Demokratie

In der Republik Moldau fand ein staatlicher Umwandlungs-prozess statt. Dieser Begriff bezieht sich auf die System-transformation, durch die ein neuer Staat entstand, der in dieser Form zuvor nicht existierte. Besonders deut-lich zeigte sich dieser Prozess in den 15 Staaten, die nach dem Zerfall der Sowjetunion gebildet wurden. Nach der Unabhängigkeit der Republik Moldau bestand zunächst das Problem, dass der Staat als Nationalstaat gegründet

---

48   Bild: Weinhuber

wurde, was bedeutete, dass eine bestimmte Nationali-
tät im Vordergrund stehen sollte. Allerdings war die Be-
völkerungsstruktur weitaus vielfältiger. Neben der Mehr-
heitsbevölkerung, den Moldauern, lebten auch weiterhin
viele Angehörige verschiedener anderer Nationalitäten im
Land. Besonders die verbliebenen Russen, die während der
Sowjetzeit eine privilegierte Stellung innehatten, führten
zu Spannungen. Diese Konflikte entstanden insbesondere
aufgrund der verschiedenen kulturellen und politischen
Interessen, die in der post-sowjetischen Gesellschaft auf-
einandertrafen.

Am 8. Dezember 1991 wurde Mircea Snegur in allgemeinen, direkten, geheimen und freien Wahlen zum
Präsidenten der Republik Moldau gewählt, nachdem er
zuvor bereits durch eine Parlamentsabstimmung ins Amt
gekommen war. Zwar wurde bald eine Kommission zur
Erarbeitung einer neuen Verfassung eingerichtet, doch
konnte diese erst 1994 verabschiedet werden. Grund für
die Verzögerung war der Konflikt mit Transnistrien und
die zwischenzeitliche Auflösung des Parlaments. Erst
nach den Parlamentswahlen am 24. Februar 1994 konnte die Verfassung am 29. Juli 1994 offiziell eingeführt werden. Sie orientierte sich am rumänischen Modell mit
einem semipräsidentiellen Regierungssystem.

Das bedeutete, dass bis 1995 noch kein neues
Rechtssystem etabliert werden konnte und bis dahin
weiterhin das sowjetische Rechtssystem in Kraft blieb.
Ebenso wie im Rechtssystem blieb auch im Medien-
bereich das alte sowjetische Gesetz bis 1995 in Kraft.
Erst am 17. Januar 1995 wurde das neue moldauische
Pressegesetz verabschiedet.

Seit den 1990er Jahren schwankte das Regierungssystem zwischen Präsidialsystem und Parlamentarismus, wobei 2000 auf ein rein parlamentarisches System umgestellt wurde. Die Direktwahl des Präsidenten wurde damals abgeschafft und erst 2016 wieder eingeführt. Stabilität gab es, wenn eine Partei sowohl den Präsidenten als auch die Parlamentsmehrheit stellte, wie nach den Wahlen 2001 und erneut seit 2021 mit der proeuropäischen PAS (*Partidul Acțiune și Solidaritate*, »Partei der Aktion und Solidarität«). Trotz dieser Phasen blieb das Parlament ein starker Gegenpol zum Präsidenten.

8.3   Die drei Staatskrisen in der Entwicklung

Krise 2009-2012 (Wahlkrise):

Nach der Parlamentswahl im April 2009 brachen Massenproteste wegen Wahlmanipulationsvorwürfen und Unzufriedenheit mit den regierenden Kommunisten aus. Es fehlte die notwendige Mehrheit zur Wahl des Staatspräsidenten, was zu mehrfachen Neuwahlen führte. Erst im März 2012 endete die Krise mit der Wahl des parteilosen Präsidenten Nicolae Timofti.

Krise 2014-2016 (Bankenbetrug):

Ein massiver Bankenbetrug führte zum Verschwinden von einer Milliarde US-Dollar. Die Krise löste Proteste und politische Instabilität aus, einschließlich mehrerer Kabinettswechsel und einem Vertrauensverlust bei der Bevölkerung und internationalen Partnern. Ein ehemaliger Premierminister wurde verurteilt, doch andere Verantwortliche entzogen sich der Justiz.

Krise 2019 (Verfassungskrise):
Nach der Parlamentswahl 2019 führte ein politisches Vakuum zu einem Machtkampf zwischen zwei konkurrierenden Regierungen. Das Verfassungsgericht spielte dabei eine umstrittene Rolle. Die Krise endete mit Rücktritten von Schlüsselakteuren, doch das politische System Moldaus erlitt schweren Schaden.

8.4 Staatsinstitutionen

Die Verfassung der Republik Moldau bildet die Basis des Staates und legt seine grundlegenden Prinzipien fest.

Im Artikel 1 der Verfassung wird die Republik Moldau als souveräner, unabhängiger und unteilbarer Staat beschrieben. Ihre Regierungsform ist eine Republik, die auf demokratischen Rechtsstaatsprinzipien basiert. In diesem Rahmen werden die Menschenwürde, die Menschenrechte, individuelle Freiheiten, Gerechtigkeit und politischer Pluralismus als höchste Werte angesehen und gewährleistet. Dieser Artikel legt die Grundlage für den Schutz und die Förderung der demokratischen und rechtlichen Ordnung in Moldau.

8.4.1 Das Parlament

Moldau hat ein Einkammersystem, bei dem das Parlament mit 101 Abgeordneten das zentrale Gesetzgebungsorgan ist, wie in Artikel 60 der Verfassung festgelegt. Neben der Gesetzgebung durch das Parlament gibt es auch die Möglichkeit, durch Volksabstimmungen Gesetze direkt vom Volk beschließen zu lassen. Die Verfassung unterscheidet drei Arten von Gesetzen: Verfassungsänderungen, Organgesetze und einfache Gesetze. Auch die Volksversammlung der autonomen Region Gagausien hat das Recht, Gesetzesvorschläge einzubringen, nutzt dies jedoch sehr selten. Der/die Parlamentspräsident*in* *hat eine wichtige Rolle im moldauischen politischen System, da er/sie nicht nur das Parlament leitet, sondern auch die Vertretung der Legislative gegenüber anderen Staatsorganen übernimmt und als Stellvertreter*in des/der Präsident*in fungiert. Die Arbeit des Parlaments war lange von Korruption geprägt, wobei Abgeordnete durch Bestechung oder Druck dazu gebracht wurden, die politischen Lager zu wechseln. Wahlbündnisse zerbrachen oft kurz nach den Wahlen, da sie meist nur Zweckgemeinschaften waren.

Im Parlament der Republik Moldau (Stand 2023) sind folgende politische Parteien vertreten:
1. **Partei der Aktion und Solidarität (PAS)**
   - **Ideologie:** Pro-europäisch, zentristisch bis leicht rechts.
   - **Führer:** Maia Sandu (Präsidentin von Moldau, ehemalige Premierministerin).
   - **Beschreibung:** PAS ist derzeit die stärkste Partei im Parlament und tritt für eine pro-europäische Ausrichtung Moldaus ein, mit dem Ziel, die Korruption zu bekämpfen und Rechtsstaatlichkeit

zu fördern. Die Partei unterstützt engere Beziehungen zur Europäischen Union.

2. **Partei der Sozialisten der Republik Moldau (PSRM)**
   - **Ideologie:** Pro-russisch, linksgerichtet, sozialistisch.
   - **Führer:** Igor Dodon (ehemaliger Präsident von Moldau).
   - **Beschreibung:** PSRM setzt sich für eine enge Zusammenarbeit mit Russland und für sozialistische, konservative Werte ein. Die Partei steht der europäischen Integration kritisch gegenüber und betont die Bedeutung traditioneller Werte.

3. **Schor-Partei (»Partidul Şor")**
   - **Ideologie:** Populistisch, rechts.
   - **Führer:** Ilan Şor.
   - **Beschreibung:** Diese Partei hat populistische Positionen und wird oft mit korruptionsbezogenen Kontroversen in Verbindung gebracht. Ilan Şor, der Parteivorsitzende, wurde wegen seiner Rolle im Bankenbetrug von 2014 verurteilt.

4. **Kommunistische Partei der Republik Moldau (PCRM)** (in einem Bündnis mit PSRM)
   - **Ideologie:** Kommunistisch, links.
   - **Führer:** Vladimir Voronin.
   - **Beschreibung:** Die PCRM ist eine altkommunistische Partei, die für enge Beziehungen zu Russland und eine Rückkehr zu sozialistischen Prinzipien eintritt. Sie bildet eine Allianz mit der PSRM.

Zusätzlich gibt es einige kleinere Parteien und Unabhängige, aber die oben genannten Parteien dominieren die politische Landschaft des Landes.

8.4.2 Der Staatspräsident

Artikel 77, Absatz 2 der Verfassung der Republik Moldau beschreibt den/die Staatspräsident*in* als *Hüter*in der nationalen Souveränität, Unabhängigkeit, Einheit und territorialen Integrität des Landes. Ursprünglich war das Amt des Staatsoberhauptes vor allem repräsentativ, doch seit der Wiederherstellung der Direktwahl im Jahr 2016 hat es wieder an politischer Bedeutung gewonnen.

Zu den wichtigsten Befugnissen des/der Präsident*in* *gehören die Nominierung, Ernennung und Entlassung von Amtsträger*innen, das Recht, das Parlament aufzulösen, sowie Aufgaben in der Außen- und Verteidigungspolitik. Die Verfassung erlaubt es dem Parlament, durch zusätzliche Gesetze die Rechte des/der Präsident*in zu erweitern. Der Präsident/die Präsidentin kann auch ein suspensives Veto gegen Gesetzesvorhaben einlegen und bei Fragen von nationaler Bedeutung ein Referendum einberufen.

Unter Präsidentin Maia Sandu, der ersten Frau in diesem Amt, wurde die Präsidialmacht zum Zentrum der politischen Macht im Land. Dies geschah trotz der Tatsache, dass die exekutive Gewalt offiziell bei der Regierung liegt und auch einige ihrer Vorgänger versuchten, die präsidialen Befugnisse zu erweitern. Sandu, wurde 2020 gewählt.

8.4.3 Die Regierung/Exekutive

Die aktuelle Regierung in Moldau besteht aus Ministerpräsident Dorin Recean und 14 Minister*innen, darunter fünf Vizepremiers. Die Gouverneurin der autonomen Region Gagausien, Guțul, ist formal auch Mitglied der

Regierung, wurde jedoch wegen ihrer Parteizugehörigkeit ausgeschlossen. Die Hauptaufgaben der Regierung umfassen die Innen- und Außenpolitik sowie die Leitung der öffentlichen Verwaltung.

Die Regierung ist formal vom Parlament abhängig, was in der Verfassung geregelt ist (Artikel 104–106). Die Beziehung zwischen Präsidenten und Regierung wird jedoch nicht speziell behandelt. Eigentlich sollte es eine enge Zusammenarbeit geben, da beide gemeinsam Ministerinnen ernennen und abberufen sowie in Außen- und Sicherheitsfragen zusammenarbeiten. In der Praxis bestimmt der/die Präsident-in oft allein über die Ernennung des Ministerpräsidenten. Nach der Parlamentswahl 2019 gab es eine Phase Zusammenarbeit des Staatspräsidenten mit der Regierung die eine andere politischen Richtung verfolgte, die jedoch kurzlebig und konfliktbeladen war. In der Realität war die Regierung zwischen 2001 und 2009 sowie seit 2020 stärker dem Präsidenten als dem Parlament verantwortlich, obwohl dies nicht der Verfassung entspricht.

8.5 Wirtschaftliche Herausforderung und soziale Probleme

Prohnitchi[49] schreibt zum Transformationsprozess vom sowjetischen zum markwirtschaftlichen System

>>Im Vergleich zum politischen Umwandlungsprozess wird dieser Abschnitt jedoch relativ kurz ausfallen, was

---

49   Prohnitchi, 2012,441

nicht zuletzt damit zusammenhängt, dass es vergleichsweise wenig hierzu zu berichten gibt. So etwa fand kaum
eine Privatisierung von Staatsunternehmen statt; Ende
2007 waren es 500 Unternehmen, die dem Staat unter-
standen. Obschon in den Jahren 2008 und 2009 mehrere Unternehmen privatisiert wurden, waren 2010 dennoch weiterhin rund 470 Unternehmen in Staatsbesitz«

Moldawien stand und steht bei der Bewältigung seiner
wirtschaftlichen Herausforderungen im Zusammenhang
mit sozialen Problemen vor mehreren wichtigen Aufgaben:

1. **Armutsbekämpfung**: Ein zentrales Problem in Moldawien ist die weit verbreitete Armut. Viele Haushalte
leben unterhalb der Armutsgrenze, was zu sozialen
Ungleichheiten und einem niedrigen Lebensstandard
führt. Die wirtschaftliche Situation erschwert den
Zugang zu Bildung und Gesundheitsversorgung, was
wiederum die Chancen der Menschen auf wirtschaftliche Verbesserung einschränkt.

2. **Arbeitslosigkeit und Unterbeschäftigung**: Die
hohe Arbeitslosigkeit, insbesondere unter jungen
Menschen und in ländlichen Gebieten, trägt zur sozialen Unsicherheit bei. Viele Menschen sind unter-
beschäftigt oder arbeiten im informellen Sektor, was
zu unzureichender sozialer Absicherung führt.

3. **Abwanderung von Fachkräften**: Moldawien leidet
unter einer erheblichen Abwanderung von Fachkräften und Arbeitskräften ins Ausland auf der Suche
nach besseren wirtschaftlichen Möglichkeiten. Dies
führt zu einem Mangel an qualifizierten Arbeitskräften

im Land und beeinflusst die wirtschaftliche Entwicklung negativ.

4. **Schwache Infrastruktur:** Die unzureichende Infrastruktur, insbesondere im Bereich Transport und Bildung, beeinträchtigt die wirtschaftliche Entwicklung und verstärkt soziale Ungleichheiten. Schlechte Verkehrsanbindungen und unzureichende Bildungsangebote sind große Hindernisse für wirtschaftliches Wachstum und soziale Integration.

5. **Korruption und ineffiziente Verwaltung:** Korruption und eine ineffiziente Verwaltung erschweren die Umsetzung von Reformen und die Entwicklung eines stabilen Geschäftsklimas. Dies wirkt sich negativ auf Investitionen und die Schaffung von Arbeitsplätzen aus und verstärkt soziale Probleme.

6. **Ungleichheit in der Region:** Es gibt große regionale Unterschiede in Bezug auf Wohlstand und wirtschaftliche Entwicklung innerhalb des Landes. Während die Hauptstadt Chişinău und einige andere Städte relativ gut entwickelt sind, bleiben viele ländliche Gebiete zurück.

7. **Gesundheitsversorgung:** Die unzureichende Gesundheitsversorgung belastet die Menschen zusätzlich, da viele sich den Zugang zu notwendiger medizinischer Versorgung nicht leisten können. Dies verschärft die sozialen Probleme und beeinträchtigt die Lebensqualität der Bevölkerung.

Um diese Herausforderungen zu bewältigen, benötigt Moldawien umfassende Reformen und Strategien zur wirtschaftlichen Entwicklung, Armutsbekämpfung und Verbesserung der sozialen Infrastruktur.

Der Wirtschaftsexperte Christian Overhoff schreibt bei Germany Trade & Invest:

»Die moldawische Wirtschaft hat sich teilweise regeneriert und das Jahr 2023 nach vorläufigen Zahlen der EU-Kommission mit einem Plus von 1,7 Prozent abgeschlossen. Für 2024 prognostiziert die Kommission ein reales Wachstum des Bruttoinlandsproduktes (BIP) von 3,8 Prozent. Investitionen und privater Konsum werden 2024 die Konjunktur weiter ankurbeln, so die Erwartungen. Der private Verbrauch hat mit 89,7 Prozent den größten Anteil an der Wirtschaftsleistung des Landes.
Eine seit Sommer 2023 deutlich langsamere Inflationsdynamik markierte die Trendwende. Die Zentralbank reagierte bereits und lockerte die Geldpolitik. Sie rechnet mit weiteren Senkungen der Leitzinsen im Laufe des Jahres 2024. Die Währungshüter erwarten für 2024 einen Rückgang der Inflationsrate auf 5 bis 6 Prozent gegenüber 14 Prozent 2023. Somit werden positivere Impulse für Kaufkraft und Konsum erwartet. Zusätzlich werden Rücküberweisungen von Gastarbeitern aus dem Ausland die Kassen der privaten Haushalte polstern.«[50]

Die wirtschaftliche Zukunft der Republik Moldau ist stark mit der Europäischen Union (EU) verknüpft. Die EU spielt eine entscheidende Rolle für Moldawien, da sie wichtige wirtschaftliche Unterstützung, Handelsvorteile

---

50 https://www.gtai.de/de/trade/moldau-wirtschaft/ wirtschaftsausblick/16.09.2024

und Entwicklungsressourcen bereitstellt. Die Annäherung an die EU eröffnet Moldawien Zugang zu einem größeren Markt und fördert Investitionen, die für das Wirtschaftswachstum und die Schaffung von Arbeitsplätzen unerlässlich sind. Zudem bietet die EU finanzielle Hilfen und technische Unterstützung für Reformen, die notwendig sind, um die wirtschaftliche und institutionelle Stabilität zu verbessern.

Gleichzeitig setzt die EU-Moldawien unter Druck, bestimmte Reformen und Standards einzuhalten, um die Vereinbarungen mit der EU zu erfüllen. Dazu gehören Maßnahmen zur Bekämpfung der Korruption, zur Verbesserung der Regierungsführung und zur Stärkung der Rechtsstaatlichkeit. Die Fähigkeit Moldawiens, diese Anforderungen zu erfüllen, wird entscheidend für die zukünftige wirtschaftliche Entwicklung des Landes sein.

Insgesamt ist die enge Partnerschaft mit der EU für Moldawien sowohl eine Chance als auch eine Herausforderung. Die wirtschaftliche Stabilität und das Wachstum des Landes hängen maßgeblich davon ab, wie erfolgreich es ist, sich an die EU-Standards anzupassen und die Vorteile dieser Partnerschaft optimal zu nutzen.

8.5.1 *Die Energiepolitik der Republik Moldau*

Im Jahr 2021 stand die Republik Moldau bereits vor großen Herausforderungen in der Energiepolitik. Doch die Lage hat sich seitdem verbessert. Besonders wichtig war eine Entscheidung aus Brüssel im März 2022, die es ermöglichte, die Energiesysteme Moldawiens und der Ukraine mit den europäischen Systemen zu synchronisieren. Normalerweise dauert dieser Prozess Jahre, doch die politische Entscheidung beschleunigte ihn erheblich. Vorher war Moldau stark von der Energie-infrastruktur aus der abtrünnigen Region Transnistrien abhängig, die von Russland unterstützt wird.

Dank der Entscheidung aus Brüssel kann Moldau nun Energie aus Rumänien beziehen, was die Erpressungs-möglichkeiten Russlands und Transnistriens verringert hat. Trotz dieser Verbesserung kauft Moldau weiter-hin Strom aus Transnistrien, um die Region wirtschaft-lich zu unterstützen und eine humanitäre Krise zu ver-meiden. Die Energiekäufe helfen, die soziale Lage in Transnistrien zu stabilisieren und bereiten möglicher-weise den Weg für eine friedliche Integration der Re-gion in Moldau.

Der Stromverbrauch in der Republik Moldau ist stark von der privaten Nutzung geprägt, wodurch die Endverbraucherpreise eine zentrale Rolle spielen. Zu-dem ist die Stromversorgung des Landes stark abhängig von dem MGRES*-Kraftwerk in Transnistrien, das sich in russischem Besitz befindet. MGRES liefert im Ver-gleich zu den Nachbarländern sehr günstigen Strom. Doch die Gaskrise von 2021 und der Krieg in der Uk-raine haben verdeutlicht, wie bedeutend Energiesicher-heit ist und dass die Versorgung dringend diversifiziert werden muss. Kurzfristig sind die Diversifizierungs-möglichkeiten auf Importe aus der Ukraine und Ru-mänien beschränkt. Langfristig wird jedoch der Aus-bau der inländischen Kapazitäten durch erneuerbare Energien eine entscheidende Rolle spielen. Darü-ber hinaus ist es notwendig, den Wettbewerb auf dem

Stromgroßhandelsmarkt zu fördern. Die angestrebte Integration in den europäischen Energiemarkt, einschließlich der ENTSO-E-Marktkopplung, wird zu einem stärkeren Wettbewerb und einem effizienteren Markt beitragen.

Das MGRES-Kraftwerk steht für »Молдавская ГРЭС» (Moldavskaya GRES), was auf Deutsch »Moldauisches Wärmekraftwerk« bedeutet. Es handelt sich um das Moldauer Staatswärmekraftwerk, das in der Region Transnistrien liegt. GRES steht dabei für »Staatliches Regionales Elektrizitätswerk« (russisch: Государственная районная электростанция), also eine Bezeichnung für große thermische Kraftwerke in der ehemaligen Sowjetunion.

Lisa Flatten schreibt bei GTAI (Germany Trade & Invest) zum Energieproblem in der Republik Moldau:

»Interkonnektor nach Rumänien könnte 2024 fertig werden

Die wichtigste Infrastrukturmaßnahme, mit der sich Moldau aus der Energieabhängigkeit von Moskau befreien will, ist der Bau eines Interkonnektors nach Rumänien, der es Moldau erlauben würde, ins europäische Stromnetz integriert zu werden. Zwischen der Hauptstadt Chişinău und der südmoldauischen Stadt Vulcaneşti soll der moldauische Teil des Interkonnektors verlaufen.

Über eine Strecke von 158 Kilometer soll Strom mit einer Spannung von 400 Kilovolt fließen. Das entspricht der Spannung des rumänischen Höchstspannungsnetzes. Die Höchstspannung im moldauischen Stromnetz beträgt dagegen nur 330 Kilovolt.

Das macht den Bau eines Umspannwerkes in Vulčaneşti notwendig. Das Umspannwerk wird mit einer Leistungskapazität von 600 Megawatt geplant. Die Kosten für das Projekt wurden im Jahr 2017 auf 270 Millionen Euro veranschlagt. Maßgeblich finanziert wird das Projekt von der Europäischen Bank für Wiederaufbau und Entwicklung (EBRD), der Europäischen Investitionsbank (EIB) und der Weltbank.

In einem Bericht des Sekretariats der europäischen Energiegemeinschaft vom November 2021 wird davon ausgegangen, dass der Interkonnektor bis 2024 fertiggestellt werden könnte. Darüber hinaus mahnt das Sekretariat aber: Moldau hat strompolitische Reformen, die eine Voraussetzung zur Teilnahme am europäischen Energiemarkt sind, noch nicht ausreichend umgesetzt. Dazu gehört etwa die Entflechtung (Unbundling) von Übertragungsnetzbetreibern und Stromerzeugern.

Auch technische Probleme müssen gelöst werden: Einem Bericht der International Energy Agency (IEA) zufolge müsste Moldelectrica die veraltete Infrastruktur des Übertragungsnetzes modernisieren, um vollständig in ENTSO-E integriert werden zu können. Im April 2022 fand in Berlin eine Konferenz zur Unterstützung der Republik Moldau statt. Dort verständigten sich 36 Staaten darauf, Moldau 659,5 Millionen Euro an direkter finanzieller Hilfe bereitzustellen. Unter anderem soll das Geld »zur Konsolidierung der Energiesicherheit« ausgegeben werden.«[51]

---

51 https://www.gtai.de/de/trade/moldau/specials/moldau-sucht-weg-aus-strompolitischer-abhaengigkeit-827720/18.09.2024

Der staatliche moldauische Stromversorger Energocom, der als einziger Strom aus der Ukraine bezieht, hat mit dem ukrainischen Wasserkrafterzeuger Ukrhydroenergo einen Vertrag über die Lieferung von etwa 30 % des moldauischen Strombedarfs im Zeitraum vom 12. bis 31. Mai 2022 abgeschlossen. Diese Vereinbarung war angesichts der geopolitischen und wirtschaftlichen Lage von besonderer Bedeutung. Seit dem Ausbruch des Krieges in der Ukraine im März 2022 sowie der darauffolgenden Energiekrise und den stark schwankenden Gaspreisen sieht sich das Wärmekraftwerk Moldawskaja, das sich in der Region Transnistrien (Ostmoldawien) befindet, gezwungen, nur noch Einmonatsverträge für die Stromeinspeisung abzuschließen. Im Mai 2022 verschärfte sich die Situation weiter, als Gazprom die Gaslieferungen nach Transnistrien reduzierte. Dies führte dazu, dass das Kraftwerk Moldawskaja seine Stromlieferungen erheblich einschränken musste und nur noch 70 % des in Moldau benötigten Stroms bereitstellen konnte. Diese Entwicklungen verdeutlichen die fragilen Abhängigkeiten der moldauischen Energieversorgung und die dringende Notwendigkeit einer diversifizierten und stabileren Energiepolitik.

Exkurs:

Die Handelskammer der Republik Moldau (Chamber of Commerce and Industry of Moldova, CCI) ist eine wichtige Institution für die Förderung von Wirtschaft und Handel und berufliche Ausbildung im Land. Allerdings leidet sie unter veralteten Strukturen, die ihre Effizienz und

Wirksamkeit erheblich beeinträchtigen. Dieser Bericht beleuchtet die Hauptprobleme und gibt Empfehlungen zur Modernisierung.

1. Bürokratische Strukturen

Die CCI ist durch umfangreiche bürokratische Prozesse geprägt, die Entscheidungsfindungen verlangsamen und innovative Ansätze behindern. Viele der internen Prozesse sind papierbasiert, was sowohl die Effizienz mindert als auch das Risiko von Fehlern und Verzögerungen erhöht.

2. Mangel an Digitalisierung

Trotz globaler Trends zur Digitalisierung bleibt die CCI in dieser Hinsicht zurück. Es fehlen moderne IT-Systeme zur Verwaltung von Mitgliedern, zur Organisation von Veranstaltungen und zur Bearbeitung von Anfragen. Der geringe Einsatz digitaler Technologien erschwert auch den Zugang zu Dienstleistungen, insbesondere für junge Unternehmer und Start-ups.

3. Fehlende Internationalisierung

Während andere Handelskammern in der Region zunehmend internationale Partnerschaften und Netzwerke nutzen, bleibt die moldauische CCI isoliert. Es fehlt eine proaktive Strategie, um moldauische Unternehmen im Ausland zu vertreten und ausländische Investitionen ins Land zu ziehen.

4. Unzureichende Unterstützung für KMU

Kleine und mittlere Unternehmen (KMU), die das Rückgrat der moldauischen Wirtschaft bilden, erhalten von der

Handelskammer oft nicht die notwendige Unterstützung.
Es fehlen maßgeschneiderte Beratungsdienste, Schulungs-
programme und Fördermaßnahmen, die auf die spezifischen
Bedürfnisse dieser Unternehmen eingehen.

5. Vorschläge zur Modernisierung

- **Digitalisierung vorantreiben:** *Einführung von E-Go-vernment-Lösungen und einer zentralen Online-Platt-form für Mitgliederverwaltung und Dienstleistungen.*
- **Verwaltungsprozesse straffen:** *Reduktion von büro-kratischen Hürden und Implementierung effizienter Ent-scheidungswege.*
- **Internationalisierung stärken:** *Ausbau internationaler Partnerschaften und aktive Beteiligung an globalen Handelsnetzwerken.*
- **Förderung von Start-ups und KMU:** *Entwicklung spe-zieller Programme zur Unterstützung junger Unter-nehmen und zur Förderung der Innovationskultur.*

Eine Modernisierung der CCI-Strukturen ist entscheidend,
um die Wettbewerbsfähigkeit der moldauischen Wirtschaft
zu stärken und das Potenzial von KMU und internationalen
Investoren besser zu nutzen.

8.5.2 Das Bildungssystem

Das Bildungssystem der Republik Moldau gliedert sich in mehrere Stufen und hat sich in den letzten Jahren stark entwickelt, um europäischen Standards näher zu kommen. Es basiert auf dem moldauischen Bildungsgesetz und ist stark durch die Geschichte des Landes, insbesondere durch sowjetische Einflüsse, geprägt. Hier sind die wichtigsten Stufen des Bildungssystems:

1. Frühkindliche Bildung
- **Alter:** 1 bis 6 Jahre
- Diese Phase umfasst die Vorschuleinrichtungen, die auf die Schulbildung vorbereiten. Der Besuch der Vorschule ist nicht obligatorisch, wird jedoch stark gefördert, um die soziale und kognitive Entwicklung der Kinder zu unterstützen.

2. Grundschulbildung (Primarstufe)
- **Alter:** 6 bis 10 Jahre (Klassen 1 bis 4)
- Die Grundschule ist obligatorisch. Kinder beginnen ihre formale Schulbildung im Alter von 6 Jahren. Der Lehrplan umfasst grundlegende Fächer wie Mathematik, Sprache, Geschichte und Naturwissenschaften.

3. Sekundarstufe I (Gymnasium)
- **Alter:** 11 bis 15 Jahre (Klassen 5 bis 9)
- Auch diese Stufe ist verpflichtend. Die Schüler erweitern hier ihre Kenntnisse in einem breiteren Fächerspektrum, einschließlich Fremdsprachen, Geographie, Biologie und Physik. Am Ende der 9. Klasse legen die Schüler eine Abschlussprüfung ab.

4. Sekundarstufe II (Lyzeum)
- **Alter:** 16 bis 18 Jahre (Klassen 10 bis 12)
- Dies ist eine freiwillige, aber weit verbreitete Stufe für Schüler, die Hochschulbildung anstreben. Am Ende

der 12. Klasse absolvieren die Schüler das Baccalaureat, das als Voraussetzung für die Aufnahme an Universitäten dient. Neben allgemeinbildenden Lyzeen gibt es auch spezialisierte Schulen, die eine berufliche Ausbildung bieten.

5. Berufliche Bildung

- Es gibt zwei Arten von Berufsschulen:
  - **Berufsschulen auf Sekundarstufe I-Niveau:** Diese bieten Schülern, die die 9. Klasse abgeschlossen haben, berufliche Ausbildung in verschiedenen Bereichen an, z.B. in der Landwirtschaft, im Handwerk oder im Dienstleistungssektor.
  - **Technische Colleges:** Diese Institutionen bieten spezialisierte Berufsausbildungen auf einem höheren Niveau an und bereiten die Schüler auf spezifische Berufe oder auf ein Studium an Universitäten vor.

6. Hochschulbildung

- Moldauische Hochschulen bieten Bachelor-, Master- und Doktoratsprogramme an. Die Universität von Chişinău (Moldauische Staatliche Universität) ist eine der renommiertesten Einrichtungen des Landes. Es gibt sowohl öffentliche als auch private Universitäten, die eine breite Palette von Studiengängen in verschiedenen Bereichen anbieten.

Herausforderungen und Reformen

- **Finanzierung:** Moldau steht vor finanziellen Herausforderungen im Bildungsbereich. Viele Schulen sind unterfinanziert, was sich auf die Qualität der Infrastruktur und Lehrmaterialien auswirkt.

- **Lehrermangel:** Der Lehrermangel, insbesondere in ländlichen Gebieten, ist ein großes Problem. Viele qualifizierte Lehrer wandern in andere Länder aus oder wechseln in den Privatsektor.
- **Reformen:** In den letzten Jahren wurden mehrere Reformen durchgeführt, um das Bildungssystem zu modernisieren. Dies umfasst die Verbesserung des Lehrplans, die Einführung moderner Lehrmethoden und die Förderung der digitalen Bildung.

Das Bildungssystem der Republik Moldau befindet sich im Wandel, um den Herausforderungen eines modernen Europas gerecht zu werden, und es gibt fortlaufende Anstrengungen, die Qualität und Zugänglichkeit für alle Bevölkerungsgruppen zu verbessern.

Grade / Age

	Grade	Age
University / Private university of applied science	17, 16, 15, 14, 13	23, 22, 21, 20, 19, 18
Upper secondary school / Vocational school / College / Industrial school	12, 11, 10, 9	17, 16, 15, 14
Lower secondary school	8, 7, 6, 5	13, 12, 11, 10
Primary school	4, 3, 2, 1	9, 8, 7, 6
Compulsory pre-school		5
Kindergarten / Nurserie		4, 3

Compulsory education

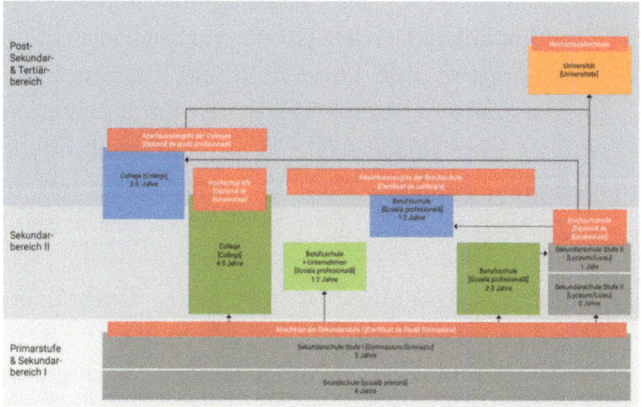

Das neu in »Erprobung« eingeführte duale Ausbildungssystem in der Republik Moldau ist noch ein relativ neues
Konzept, das auf der Kooperation zwischen beruflichen
Bildungseinrichtungen und Unternehmen basiert.
Es zielt darauf ab, junge Menschen praxisnah auf den
Arbeitsmarkt vorzubereiten und die beruflichen Kompetenzen der Arbeitskräfte zu stärken. Trotz erster Fortschritte gibt es noch Herausforderungen, die die Effizienz des Systems beeinflussen.

Überblick über das duale Ausbildungssystem

Das duale Ausbildungssystem in Moldau orientiert sich
am deutschen Modell, das als Vorbild für viele Länder
dient. Es kombiniert theoretische Ausbildung in Berufs-
bildungsschulen mit praktischer Erfahrung in Unternehmen. Die wichtigsten Merkmale sind:

1. **Theorie und Praxis:** Die Auszubildenden verbringen

einen Teil ihrer Ausbildung in einer Bildungseinrichtung (Schule, Technikum) und den anderen Teil direkt in einem Betrieb, wo sie praxisnah lernen.

2. **Kooperation mit Unternehmen:** Unternehmen bieten den praktischen Teil der Ausbildung an und spielen eine aktive Rolle in der Entwicklung der Ausbildungsinhalte. Diese Partnerschaft fördert die enge Abstimmung auf die Bedürfnisse des Arbeitsmarktes.

3. **Dauer und Abschluss:** Die Ausbildung dauert in der Regel zwischen zwei und drei Jahren und endet mit einer Qualifikationsprüfung, die den Zugang zum Arbeitsmarkt erleichtert.

Effizienz und aktuelle Herausforderungen

Trotz der Einführung des dualen Systems gibt es eine Reihe von Faktoren, die seine Effizienz beeinflussen:

1. **Begrenzte Unternehmensbeteiligung:**
   - Viele moldauische Unternehmen sind noch nicht vollständig in das duale System eingebunden. Insbesondere kleinere Unternehmen haben Schwierigkeiten, Ressourcen für die Ausbildung bereitzustellen oder verfügen nicht über die notwendigen Kapazitäten, um Ausbildungsplätze anzubieten.
   - Große Unternehmen und internationale Firmen engagieren sich mehr, was das System jedoch vor allem in urbanen Gebieten stärkt und ländliche Regionen benachteiligt.

2. **Mangel an Infrastruktur und qualifiziertem Personal:**
   - Berufsschulen und Ausbildungszentren leiden unter begrenzter Ausstattung und veralteten

Lehrmethoden. Dies führt dazu, dass die theoretische Ausbildung oft nicht den modernen Anforderungen entspricht.

- Zudem gibt es einen Mangel an qualifizierten Ausbildern, die sowohl über theoretisches Wissen als auch über praktische Erfahrung in den jeweiligen Branchen verfügen.

3. Anpassung an den Arbeitsmarkt:

- Das duale System in Moldau ist noch nicht vollständig auf die aktuellen Bedürfnisse des Arbeitsmarktes ausgerichtet. Die Unternehmen beklagen oft, dass die vermittelten Fähigkeiten nicht immer mit den praktischen Anforderungen übereinstimmen.
- Es besteht Bedarf an einer stärkeren Flexibilität in der Ausbildung, um auf die sich schnell ändernden Branchenbedarfe zu reagieren.

4. Geringes gesellschaftliches Ansehen:

- Die berufliche Bildung hat in Moldau nach wie vor ein geringeres Ansehen als die akademische Bildung. Viele junge Menschen und ihre Eltern ziehen es vor, ein Studium zu beginnen, obwohl die Chancen auf dem Arbeitsmarkt für Berufsausbildungen besser sein können.
- Es gibt noch nicht genügend Maßnahmen, um das Bewusstsein für die Vorteile einer dualen Ausbildung zu schärfen und die Attraktivität dieses Bildungswegs zu steigern.

Verbesserungsmöglichkeiten

1. Stärkere Einbindung von Unternehmen:

- Unternehmen sollten stärker in die Ausbildung integriert und ermutigt werden, aktiv am System teilzunehmen. Dies könnte durch staatliche Anreize wie Steuervergünstigungen oder Subventionen gefördert werden.

2. Qualität der Berufsschulen verbessern:

- Investitionen in die Ausstattung von Berufsschulen und die Weiterbildung von Lehrkräften sind entscheidend, um die Ausbildungsqualität zu verbessern und das System effizienter zu gestalten.

3. Anpassung an moderne Berufsfelder:

- Das duale System muss flexibler auf die sich verändernden Bedürfnisse des Arbeitsmarktes reagieren. Dies bedeutet eine stärkere Integration moderner Technologien und neuer Branchen in die Ausbildung.

4. Förderung des gesellschaftlichen Ansehens:

- Kampagnen und Informationsveranstaltungen können dazu beitragen, das Ansehen der beruflichen Bildung zu steigern und jungen Menschen die Vorteile einer praxisnahen Ausbildung aufzuzeigen.

Fazit

Das duale Ausbildungssystem in Moldau hat das Potenzial, die Berufsausbildung im Land deutlich zu verbessern und die Jugendarbeitslosigkeit zu senken. Allerdings ist es noch in der Entwicklungsphase und erfordert gezielte Maßnahmen zur Stärkung der Infrastruktur, eine engere Zusammenarbeit mit der Wirtschaft und eine Modernisierung der Lehrinhalte. Langfristig könnte das duale System ein wichtiger Motor für die wirtschaftliche Entwicklung des Landes sein, wenn es effizienter gestaltet wird.

Die schwache institutionelle Unterstützung durch die Chamber of Commerce and Industry of the Republic of Moldova (CCI) behindert den Prozess eher.

- **Bürokratische Hindernisse:** Die CCI selbst leidet unter bürokratischen Strukturen, die den Prozess der Implementierung des dualen Systems verlangsamen. Unternehmen finden es oft schwierig, sich in den Prozessen der CCI zurechtzufinden, was zu Frustration und Desinteresse führt.

- **Unzureichende Vermittlung und Koordination:** Die CCI sollte eine zentrale Rolle bei der Vermittlung zwischen Bildungseinrichtungen und Unternehmen spielen, aber es gibt oft mangelnde Koordination und Kommunikation. Es werden nur begrenzte Netzwerke geschaffen, um Unternehmen mit den richtigen Ausbildungsstätten zu verbinden.

- **Fehlende Anpassung an Branchenbedürfnisse:** Die CCI hat bislang nicht ausreichend darauf geachtet, Ausbildungsprogramme zu entwickeln, die speziell auf die Bedürfnisse verschiedener Branchen in Moldau zugeschnitten sind. Dadurch besteht oft ein Mismatch zwischen dem, was in der Ausbildung gelehrt wird, und dem, was die Unternehmen tatsächlich benötigen.

Die GIZ als Partner der CCI.

Die Deutsche Gesellschaft für Internationale Zusammenarbeit (GIZ) spielt eine zentrale Rolle bei der Unterstützung der Berufsbildungsreformen in der Republik Moldau. Trotz ihrer wertvollen Beiträge und Bemühungen gibt es jedoch Kritikpunkte, die sich auf die Implementierung des dualen Berufsbildungssystems und die Effektivität der GIZ-Initiativen in diesem Bereich beziehen. Einige der zentralen Kritikpunkte sind:

1. Mangelnde Anpassung an lokale Gegebenheiten

- **Standardisierte Ansätze:** Die GIZ setzt oft auf Konzepte und Modelle, die in Deutschland oder anderen entwickelten Ländern erfolgreich sind, ohne diese ausreichend an die spezifischen lokalen Bedingungen in Moldau anzupassen. Die wirtschaftlichen und strukturellen Unterschiede zwischen den Ländern erfordern jedoch flexible Ansätze, die auf die moldauischen Realitäten zugeschnitten sind.

- **Mangel an lokaler Partizipation:** Lokale Akteure und Institutionen, darunter Berufsschulen, Unternehmen und öffentliche Behörden, haben oft das Gefühl, dass sie bei der Gestaltung und Umsetzung von Programmen nicht ausreichend einbezogen werden. Dies kann zu mangelndem lokalem Engagement und geringer Nachhaltigkeit der Projekte führen.

2. Unzureichende Integration von Unternehmen

- **Schwache Einbindung der Privatwirtschaft:** Ein häufiges Problem in der Implementierung des dualen Systems ist die unzureichende Einbindung von moldauischen Unternehmen. Viele Unternehmen sind nicht aktiv in die Planung und Gestaltung der Ausbildungsprogramme eingebunden. Die GIZ hat es bisher nicht geschafft, eine starke Partnerschaft mit der lokalen Wirtschaft aufzubauen, um eine engere Verzahnung von Theorie und Praxis zu gewährleisten.

- **Finanzielle Belastungen für Unternehmen:** Obwohl die GIZ Programme zur Unterstützung der dualen Ausbildung entwickelt, bleiben viele Unternehmen skeptisch, weil sie die mit der Ausbildung verbundenen Kosten als zu hoch empfinden. Es gibt Kritik, dass die GIZ hier keine ausreichenden finanziellen Anreize oder Lösungen bietet, um die Beteiligung der Unternehmen zu fördern.

3. Fokus auf kurzfristige Erfolge

- **Fehlende Langzeitperspektive:** Die Projekte der GIZ werden oft auf kurzfristige Ziele und messbare Erfolge ausgerichtet, um Fortschritte schnell durch Hochglanzbroschüren sichtbar zu machen. Dabei wird jedoch kritisiert, dass dies nicht immer zu nachhaltigen Ergebnissen führt. Langfristige institutionelle Veränderungen und nachhaltige Entwicklung des Bildungssystems werden manchmal vernachlässigt.
- **Abhängigkeit von externen Akteuren:** Viele der Reformen und Programme, die durch die GIZ unterstützt werden, sind stark von externen Beratern und Experten abhängig. Sobald die Unterstützung ausläuft, besteht das Risiko, dass die eingeführten Maßnahmen nicht fortgeführt werden oder ihre Effektivität verlieren.

4. Schwache institutionelle Kapazitätsentwicklung

- **Mangel an nachhaltigem Wissenstransfer:** Ein weiteres häufiges Problem ist, dass der Transfer von Wissen und Fähigkeiten nicht ausreichend erfolgt. Viele lokale Institutionen, wie Berufsbildungseinrichtungen oder die Handelskammer (CCI), kritisieren, dass die GIZ zwar wertvolle Schulungen und Programme anbietet, aber keine ausreichenden Kapazitäten aufbaut, um diese langfristig eigenständig durchzuführen.
- **Fehlende strukturelle Reformen:** Statt systemische und institutionelle Veränderungen im Berufsbildungssystem voranzutreiben, liegt der Fokus oft auf punktuellen Projekten. Dies verhindert, dass die notwendigen Reformen auf nationaler Ebene vollständig greifen.

5. Unzureichende Abstimmung mit nationalen Behörden

- **Koordinationsprobleme mit staatlichen Stellen:** Kritiker werfen der GIZ vor, nicht ausreichend mit moldauischen Behörden zusammenzuarbeiten. Dies führt zu Problemen bei der Implementierung von Projekten und kann auch die Akzeptanz bei den lokalen Behörden schwächen. Eine engere Zusammenarbeit und eine stärkere Abstimmung mit den relevanten Ministerien wären notwendig, um die Reformen effizienter und nachhaltiger zu gestalten.
- **Fragmentierung der Ansätze:** Es gibt oft verschiedene parallele Initiativen, die von internationalen Organisationen wie der GIZ sowie von staatlichen Stellen durchgeführt werden, ohne dass eine klare

Abstimmung oder ein gemeinsamer Fahrplan besteht. Dies führt zu Doppelarbeit und Ineffizienz.

6. Unzureichende Einbindung von ländlichen Gebieten

- **Fokus auf städtische Regionen:** Die meisten von der GIZ unterstützten Berufsbildungsprojekte sind in urbanen Zentren wie Chişinău konzentriert, während ländliche Gebiete oft vernachlässigt werden. Dies führt zu einem Ungleichgewicht in der Verteilung von Ressourcen und Ausbildungsangeboten. In ländlichen Gebieten haben Unternehmen und Bildungseinrichtungen oft weniger Zugang zu den von der GIZ geförderten Programmen.

- **Mangel an Infrastruktur:** In ländlichen Gebieten fehlen oft die notwendigen Infrastrukturen für die duale Ausbildung, wie gut ausgestattete Schulen und qualifizierte Ausbilder. Die GIZ hat es bislang nicht geschafft, hier ausreichende Fortschritte zu erzielen, um diese Regionen stärker in die Ausbildungsprogramme einzubinden.

7. Schwierigkeiten bei der Förderung der dualen Ausbildung

- **Geringe Akzeptanz des dualen Systems:** Die Einführung des dualen Ausbildungssystems in Moldau stößt auf kulturelle und soziale Hürden. Viele junge Menschen und Eltern betrachten eine berufliche Ausbildung als weniger prestigeträchtig als ein Universitätsstudium. Die GIZ hat bisher keine ausreichend wirksamen Maßnahmen ergriffen, um das

Image der beruflichen Bildung zu verbessern und diese Vorurteile zu bekämpfen.

- **Komplexität des Systems:** Die duale Ausbildung erfordert eine enge Kooperation zwischen Schulen und Unternehmen, was in Moldau eine relativ neue Praxis ist. Die GIZ hat Schwierigkeiten, dieses komplexe System effizient in einem Umfeld umzusetzen, in dem die Tradition der Zusammenarbeit zwischen Bildungssektor und Wirtschaft schwach ausgeprägt ist.

Fazit

- Die GIZ hat bei der Unterstützung der Berufsbildungsreformen in Moldau wichtige Fortschritte erzielt, doch bleiben erhebliche Herausforderungen bestehen. Um die Effizienz und Nachhaltigkeit ihrer Maßnahmen zu verbessern, müsste die GIZ stärker auf lokale Gegebenheiten eingehen, die Unternehmen aktiver einbinden, langfristige Strukturen schaffen und eine engere Zusammenarbeit mit den moldauischen Behörden und Bildungseinrichtungen fördern. Eine Verstärkung der öffentlichen Wahrnehmung des dualen Systems und gezielte Investitionen in ländliche Gebiete sind ebenfalls notwendig, um das Bildungssystem nachhaltig zu reformieren.
- **Kritik:** Das Projekt wurde als zu theoretisch und wenig praxisorientiert bewertet, insbesondere weil es nicht ausreichend auf die Bedürfnisse und Kapazitäten der moldauischen Unternehmen und Berufsschulen abgestimmt war.

Im Buch über »Die Bildungssysteme in Europa«02.2017 von Döbert, Hans; Hörner, Wolfgang; Kopp, Botho von; Reuter, Lutz R. (Hrsg.) wird folgendes Resümee gezogen:

> »Die Republik Moldau befindet sich politisch, wirtschaftlich und gesellschaftlich nach wie vor in einer prekären Lage. Die innenpolitische Instabilität nach 2010 und Korruptionsskandale lassen keinen Raum für Bildungsreformen. Es kann nicht erwartet werden, dass das Land seine Probleme im Bildungssektor bald in den Griff bekommt, denn diese Probleme haben ihre Ursache nicht einfach in der Armut des Landes. Für eine nachhaltige Verbesserung müssen auch Korruption und Misswirtschaft überwunden werden.«

8.6 Transformation Gesamt und Betrachtung des Korruptionsindex

Der Transformationsindex
analysiert und vergleicht weltweit Transformationsprozesse zu Demokratie und Marktwirtschaft und identifiziert erfolgreiche Strategien für den friedlichen Wandel.

Dieser Bericht ist Teil des Bertelsmann Stiftung Transformation Index (BTI) 2024. Er deckt den Zeitraum vom 1. Februar 2021 bis zum 31. Januar 2023 ab.

Am 11. Juli 2021 gewann die pro-westliche Partei der Aktion und Solidarität (PAS), die Präsidentin Maia Sandu unterstützt, die vorgezogenen Parlamentswahlen mit fast 53 % der Stimmen. Dies sicherte der PAS 63 von 101 Sitzen im Parlament Moldaus und stellte einen Wendepunkt in der moldauischen Politik dar. Zum ersten Mal seit den 1990er Jahren übernahm eine Basispartei ohne Verbindungen zu oligarchischen Kreisen und ohne Korruption die vollständige Kontrolle über das Land. Dadurch konnte die PAS eine ehrgeizige Agenda für pro-europäische Reformen vorantreiben, basierend auf dem Assoziierungsabkommen von 2014 zwischen Chişinău und der EU.

Nach der Regierungsübernahme begann die PAS mit dem Abbau des oligarchischen Systems, das besonders während der faktischen Herrschaft des Oligarchen Vlad Plahotniuc, der von 2016 bis 2019 die Demokratische Partei führte, entstanden war. Ein weiterer Erfolg der PAS war die EU-Kandidatur Moldaus im Juni 2022. Seit Ende 2021 musste die PAS-Regierung jedoch mehrere Krisen bewältigen, darunter Energie- und Flüchtlingskrisen, die durch den russischen Angriff auf die Ukraine ausgelöst wurden. Diese Herausforderungen haben die unerfahrene Verwaltung sowie das ohnehin schon knappe Budget Moldaus, einem der ärmsten Länder Europas, stark belastet.

Obwohl die moldauische Wirtschaft nach der CO-VID-19-Rezession im Jahr 2021 um 13,9 % wuchs, wurde das BIP-Wachstum im Jahr 2022 durch den russisch-ukrainischen Krieg und die Energiekrise erneut gebremst. Zwischen Januar und September 2022 sank das BIP im Jahresvergleich um 4 %. Zudem stieg die Inflation auf ein Niveau, das seit über 20 Jahren nicht mehr gesehen wurde, und erreichte im September 2022 34,62 %. Positiv war jedoch, dass die Exporte nach dem Rückgang durch die Pandemie im Jahr 2021 stark anstiegen. Die Gesamtexporte beliefen sich auf 3,14 Milliarden Dollar, ein Anstieg von 27,5 % gegenüber 2020. Trotz des Krieges in der Ukraine stiegen die Exporte im Jahr 2022 weiter an, besonders aufgrund von Re-Exporten.

52

*defekte Demokratie
Eine »defekte Demokratie« bezeichnet ein Regierungssystem, das formal demokratische Strukturen besitzt, aber in bestimmten Bereichen erheblich von den Prinzipien einer voll funktionsfähigen Demokratie abweicht. Diese Abweichungen können in verschiedenen Dimensionen auftreten, zum Beispiel:

1. *Rechtsstaatlichkeit: Wenn der Staat die Rechte seiner Bürger nicht ausreichend schützt, Gerichte nicht unabhängig arbeiten oder Gesetze willkürlich angewandt werden.*

2. *Freie und faire Wahlen: Wahlen finden zwar statt, sind aber möglicherweise manipuliert, ungleich, oder es gibt keine echte Wahl zwischen den Parteien, weil etwa die Opposition unterdrückt wird.*

---

52 https://atlas.bti-project.org/1*2024*CV:CTC:SELMDA
    *CAT*MDA*REG:TAB

3. *Gewaltenteilung: Die Unabhängigkeit der verschiedenen Machtinstitutionen wie Exekutive, Legislative und Judikative ist nicht gewahrt. Eine Institution könnte unverhältnismäßig viel Macht haben.*

4. *Bürgerrechte: Bürgerrechte, wie Meinungsfreiheit, Pressefreiheit oder das Recht auf Versammlungen, werden eingeschränkt oder verletzt.*

5. *Politische Partizipation: Bürger haben formal das Recht, an der politischen Willensbildung teilzunehmen, de facto gibt es aber Hindernisse, wie Korruption, Machtmonopole oder fehlende Transparenz, die die echte Teilhabe behindern.*

Eine defekte Demokratie hat also demokratische Grundstrukturen, leidet aber unter Defiziten, die die Qualität und Funktionalität des Systems einschränken.

Der Bertelsmann Transformation Index(Externer Link) (BTI) der Bertelsmann-Stiftung bewertet die Governance-Situation* in rund 130 Entwicklungs- und Transformationsländern. Grundlage sind detaillierte Gutachten von knapp 250 international anerkannten Experten.

* *Gute Governance zeichnet sich durch Transparenz, Rechenschaftspflicht, Beteiligung und Rechtsstaatlichkeit aus. Sie ist in vielen Bereichen relevant, von der Unternehmensführung bis zur politischen Führung.*

Der BTI umfasst ein Management- und ein Status-Ranking. Der Status-Index bewertet den Entwicklungsstand der einzelnen Staaten auf dem Weg zu Demokratie, Rechtsstaatlichkeit und Marktwirtschaft. Der Management-Index bewertet die Qualität von politischen Steuerungsleistungen: Wie konsequent werden politische Reformvorhaben umgesetzt, wie effizient werden verfügbare Gelder eingesetzt?

In Folge pro-europäischer Reformen der PAS wurde Moldawien im Juni 2022 offiziell EU-Beitrittskandidat. Dennoch sah sich die Regierung ab Ende 2021 erheblichen Herausforderungen gegenüber, insbesondere durch Russlands Einmarsch in die Ukraine und die darauffolgende Energie- und Flüchtlingskrise. Diese belasteten die unerfahrene, unterbesetzte Verwaltung und strapazierten den Staatshaushalt Moldawiens, das weiterhin zu den ärmsten Ländern Europas zählt.

Der Korruptionsindex

Der Korruptionswahrnehmungsindex (Corruption Perceptions Index, CPI) aggregiert Daten aus 13 Einzelindizes von 12 unabhängigen Institutionen, die auf der Befragung von Expertinnen und Experten, Umfragen sowie weiteren Untersuchungen zur Wahrnehmung des Korruptionsniveaus im öffentlichen Sektor beruhen. 180 Länder wurden bewertet.

Rang	Land / Gebiet	CPI-Wert 2023	Jahrestrend		10+ Jahrestrend	
			CPI-Wert 2022	Änderung ggü. 2022	CPI-Wert 2012	Änderung ggü. 2012
76	Moldawien	42	39	3	36	6

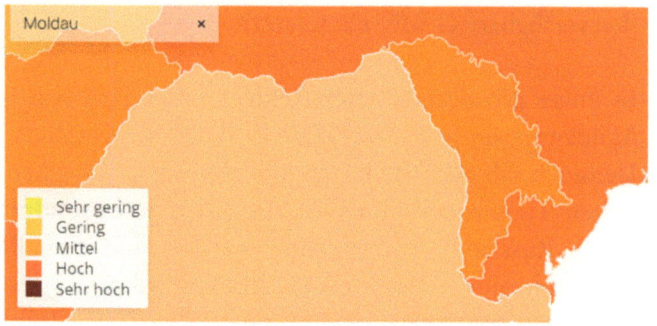

Um in der Europäischen Union aufgenommen zu werden schreibt unter anderem die EU-Kommission zur Aufnahme:

»Darüber hinaus müssen die Behörden der Republik Moldau die Wahlgesetzgebung umsetzen, indem sie die Zentrale Wahlkommission mit ausreichender Befugnis, Ressourcen und technischer Expertise stärken, damit sie ihre Arbeit effektiv ausführen kann. Moldau muss die Transparenz der Finanzierung politischer Parteien sowie die Rechenschaftspflicht bei der Wahlkampffinanzierung sicherstellen. Um das Risiko böswilliger Einmischung weiter zu verringern, muss das Land die Beteiligung Dritter an Wahlkampagnen in Übereinstimmung mit den Empfehlungen der Staatengruppe gegen **Korruption** (GRECO) und des ODIHR regulieren.«

---

53   https://www.transparency.de/cpi

Schlussbetrachtung der Transformation

Die Schlussbetrachtung zeigt, dass in der Republik Moldau Fortschritte in der Systemtransformation erzielt wurden, jedoch bleibt Korruption ein großes Problem. Nach dem Zerfall der Sowjetunion entstand ein Machtvakuum, das der moldauische Staat nicht ausreichend füllen konnte. Schwache staatliche Institutionen und eine hohe Elitenkontinuität führten dazu, dass Korruption weiter verbreitet blieb. Besonders die Justiz und Polizei, die eigentlich gegen Korruption vorgehen sollten, gelten als besonders korrupt.

Freie Medien könnten helfen, Missstände aufzuzeigen, haben jedoch nicht alle Freiheiten, die sie laut Gesetz haben sollten. Ein weiteres Problem ist, dass ehemalige sowjetische Kader noch immer einen großen Teil der Eliten bilden. Es wird vorgeschlagen, die Privatisierung der Staatsbetriebe voranzutreiben und Korruption entschiedener zu bekämpfen.

Wichtig für die Zukunft Moldaus wird es sein, das Vertrauen der Bürger in den Staat zu stärken, indem Transparenz gefördert und demokratische Regeln eingehalten werden. Nur durch einen gesellschaftlichen Konsens gegen Korruption kann die Situation verbessert werden.

9. Die Rolle der orthodoxen Kirche in der Republik Moldau

9.1 Religionsgeschichte Moldawiens seit 1821

1821:
Der Tod von **Gavril Bănulescu-Bodoni**, dem rumänischen Metropoliten von Bessarabien, markiert das Ende einer Ära der relativ unabhängigen Kirchenführung. Bănulescu-Bodoni setzte sich für die Autonomie der orthodoxen Kirche und die Förderung der rumänischen Sprache ein.

1821–1827:
Ein russischer Metropolit übernimmt nach Bănulescu-Bodonis Tod die Leitung der orthodoxen Kirche in Bessarabien. Dies führt zu einer verstärkten **Russifizierung** der Kirche und einer Einschränkung der rumänischen Sprache im Gottesdienst.

1830er-Jahre:
Die russischen Behörden intensivieren die Kontrolle über die Kirche und entsenden **russische Priester** nach Bessarabien. Die Russifizierung der Kirche schreitet voran.

1860er-Jahre:
Im Rahmen von **kirchlichen Reformen** wird der Einfluss des Moskauer Patriarchats auf die Kirche in Bessarabien

weiter ausgebaut, obwohl die Mehrheit der Gläubigen weiterhin rumänischsprachig bleibt.

1918:

Nach dem Ersten Weltkrieg und der Vereinigung Bessarabiens mit Rumänien wird die orthodoxe Kirche in Bessarabien dem **Patriarchat von Bukarest** unterstellt. Die rumänische Kirchenführung und Sprache kehren zurück.

1940:

Die **sowjetische Annexion** Bessarabiens führt zur Integration in die Moldauische Sowjetrepublik. Die orthodoxe Kirche wird stark vom Staat kontrolliert, viele Kirchen werden geschlossen und Priester verfolgt.

1941–1944:

Während der **Zweiten rumänischen Verwaltung** im Zweiten Weltkrieg wird die Kirche wieder in die rumänische Kirchenstruktur integriert.

1944–1991:

Während der **Sowjetzeit** wird die Religionsausübung erneut massiv eingeschränkt, viele Kirchen werden geschlossen und Atheismus staatlich gefördert.

1991:

Mit der **Unabhängigkeit Moldaus** nach dem Zerfall der Sowjetunion erlebt die orthodoxe Kirche eine Wiederbelebung. Zwei konkurrierende Kirchenstrukturen entstehen:

- **Metropolie von Chişinău und ganz Moldau** (unter dem Moskauer Patriarchat).
- **Metropolie von Bessarabien** (unter dem Patriarchat von Bukarest).

1992:
Die **Spaltung der orthodoxen Kirche** in zwei Kirchenstrukturen wird offiziell. Dies verursacht Spannungen in der moldauischen Gesellschaft zwischen pro-russischen und pro-rumänischen Kräften.

2000er-Jahre:
Die Kirche gewinnt an Einfluss und viele Kirchen und Klöster werden wieder aufgebaut. Der Konflikt zwischen den beiden Metropolien bleibt jedoch bestehen und reflektiert die geopolitische Ausrichtung des Landes.

9.2 Die Bedeutung der Religion Heute

Bei der Volkszählung 2014 wurden folgende Religionszugehörigkeiten angegeben.

Jahr / Region	Orthodoxe Christen	Moskauer Patriarchat (BOM)	Russisch-Orthodox	Rumänisches Patriarchat	Ukrainisch-Orthodox	Orthodox ohne Zugehörigkeit	Jüdische Gemeinschaft
Republik Moldau (2014)	96.8 %	N/A	N/A	N/A	N/A	N/A	1.600 Personen
Republik Moldau (2000)	N/A	60 %	6.6 %	23 %	2 %	6.7 %	N/A
Transnistrien (2014)	90 %	N/A	N/A	N/A	N/A	N/A	N/A

»N/A« steht für »Not Applicable« oder »Nicht zutreffend«. In der Tabelle bedeutet es, dass keine spezifischen Daten für diesen Punkt verfügbar oder relevant sind.

Anmerkungen:

- Die Zahlen von 2014 beziehen sich auf die gesamte orthodoxe Bevölkerung der Republik Moldau.
- Die Zahlen von 2000 geben detaillierte Informationen zur Aufteilung der orthodoxen Christen in der Republik Moldau, die zu verschiedenen Patriarchaten oder keiner bestimmten Kirche gehören.
- Die Zahl der jüdischen Bevölkerung in der Republik Moldau ist relativ gering, mit nur rund 1.600 Personen, die sich 2014 als Juden deklarierten.
- In Transnistrien gehören rund 90 % der Bevölkerung zur Metropolie unter dem Moskauer Patriarchat (rumänisch Biserica Ortodoxă din Moldova kurz: **BOM**)

Die orthodoxe Kirche spielt in der Republik Moldau eine bedeutende Rolle in der Gesellschaft, Kultur und Politik. Etwa 90% der Bevölkerung gehören der orthodoxen Kirche an, was sie zu einer der einflussreichsten Institutionen im Land macht. Die orthodoxe Kirche in Moldau ist in zwei große Strukturen unterteilt: die moldauische Orthodoxe Kirche, die dem Moskauer Patriarchat untersteht, und die Bessarabische Metropolie, die zum rumänischen Patriarchat gehört. Diese Aufteilung reflektiert auch die historischen und geopolitischen Spannungen zwischen pro-russischen und pro-europäischen Kräften im Land.

Rolle der Kirche in verschiedenen Bereichen:

1. **Gesellschaftlicher Einfluss:** Die orthodoxe Kirche genießt hohes Ansehen und prägt das religiöse und kulturelle Leben. Sie spielt eine zentrale Rolle bei familiären und religiösen Feierlichkeiten wie Taufen,

Hochzeiten und Beerdigungen. Viele Moldauer sehen in der Kirche eine moralische Instanz und vertrauen auf ihren Rat in ethischen und sozialen Fragen.

2. **Politischer Einfluss:** Die orthodoxe Kirche nimmt auch politisch Einfluss, insbesondere in Fragen der Familienpolitik, der Moral und der Bildung. Einige politische Akteure suchen regelmäßig die Unterstützung der Kirche, um ihre Positionen in der Öffentlichkeit zu stärken. Zudem tritt die Kirche häufig als Verteidiger traditioneller Werte auf, wie beispielsweise in Debatten über LGBTQ+-Rechte oder Geschlechtergleichheit.

3. **Verhältnis zum Staat:** Obwohl die Republik Moldau offiziell ein säkularer Staat ist, gibt es enge Verbindungen zwischen Staat und Kirche. Die orthodoxe Kirche wird oft in offizielle Veranstaltungen einbezogen, und politische Führungspersonen zeigen häufig Nähe zur Kirche, um ihre Glaubwürdigkeit und ihren Rückhalt in der Bevölkerung zu stärken.

4. **Geopolitische Dimension:** Die orthodoxe Kirche in Moldau spiegelt die geopolitischen Spannungen wider. Die Kirche des Moskauer Patriarchats hat tendenziell stärkere Bindungen zu Russland, während die Bessarabische Metropolie, die dem rumänischen Patriarchat untersteht, als Symbol für eine pro-europäische und pro-rumänische Ausrichtung betrachtet wird. Diese kirchliche Spaltung ist ein Spiegel der allgemeinen geopolitischen Ausrichtung Moldaus, das zwischen einer Annäherung an die Europäische Union und der Bindung an Russland schwankt.

Herausforderungen: Trotz ihres starken gesellschaftlichen Einflusses steht die orthodoxe Kirche in Moldau vor Herausforderungen, insbesondere im Hinblick auf die zunehmende Säkularisierung junger Generationen und den Wunsch nach einer stärkeren politischen Unabhängigkeit. Gleichzeitig gibt es Spannungen zwischen den verschiedenen orthodoxen Kirchen aufgrund ihrer unterschiedlichen Loyalitäten und Ausrichtungen.

Insgesamt bleibt die orthodoxe Kirche in Moldau ein einflussreicher Akteur, der sowohl gesellschaftliche als auch politische Entwicklungen maßgeblich mitgestaltet.

Mihai-D. Grigore schreibt in seinem Artikel »Gespaltene Orthodoxie in der Republik Moldau«

Fast wie in der Geschichte von König Salomo und den beiden Müttern, die sich um dasselbe Kind streiten (1 Kön 3,17–23), ist die moldauische Orthodoxie ebenfalls ein Kind mit zwei Müttern: die Rumänische Orthodoxe Kirche (RumOK) und die Russische Orthodoxe Kirche (ROK). Allerdings hat die Geschichte der Moldauischen Orthodoxen Kirche bis heute noch keine salomonische Lösung gefunden.

Eine zweite Mutter – die erste war ja die mittelalterliche Metropolie der Moldau – bekam die moldauische Orthodoxie erst im Jahr 1812, als das russische Zarenreich die Oberhoheit über einen Teil des Fürstentums Moldau erlangte; dieser Teil liegt zwischen den Flüssen Prut und Nistru und ist seitdem als Bessarabien bekannt. Bis heute gilt diese Region als Zankapfel zwischen Rumänien und Russland. Seit 1991 ist die Republik Moldau, deren Territorium sich weitgehend mit dem historischen Bessarabien deckt, ein unabhängiger Staat, der jedoch weiterhin gleichzeitig sowohl in der Einflusssphäre Rumäniens (nun NATO- und EU-Mitglied) als auch Russlands liegt. Ebenso sind die orthodoxen Gläubigen des Landes zwischen den beiden größten orthodoxen Lokalkirchen hin und her gerissen. Diese Situation hat allerdings wenig mit Religion zu tun, sondern ist ein Politikum und bedient die geostrategischen Interessen der beteiligten Akteure.«[54]

9.3 Die Rolle der Kirche in Gagausien und Transnistrien

In den Regionen Gagausien und Transnistrien spielt die orthodoxe Kirche ebenfalls eine wichtige Rolle, wobei die religiösen und politischen Einflüsse in beiden Regionen unterschiedliche Dimensionen haben.

1. Orthodoxe Kirche in Gagausien

Gagausien, eine autonome Region im Süden der Republik Moldau, ist überwiegend von Gagausen bewohnt, einer türkischsprachigen, aber christlich-orthodoxen ethnischen Gruppe. Die orthodoxe Kirche hat in Gagausien eine bedeutende religiöse und kulturelle Rolle, da die Mehrheit der Gagausen orthodoxe Christen sind.

---

54 https://rgow.eu/pdf/einzelartikel/web-RGOW-2018-11-12-14.pdf

Rolle und Einfluss:

- **Kulturelle Identität:** Die orthodoxe Kirche ist ein zentraler Bestandteil der gagausischen Identität. Trotz ihrer türkischen Abstammung betonen die Gagausen ihre orthodox-christliche Tradition als wesentlichen Aspekt ihrer Unterscheidung von anderen türkisch-sprachigen Völkern, wie z.B. den muslimischen Türken.

- **Verbindung zu Russland:** Ähnlich wie in anderen Teilen Moldaus, insbesondere Transnistrien, hat die Orthodoxie in Gagausien starke Verbindungen zu Russland. Viele der gagausischen Kirchen unterstehen dem Moskauer Patriarchat, was die pro-russische Ausrichtung der Region widerspiegelt. Dies ist auch ein politischer Faktor, da Gagausien, ähnlich wie Transnistrien, eine engere Beziehung zu Russland und Skepsis gegenüber der EU-Integration aufweist.

- **Politischer Einfluss:** In Gagausien nutzt die orthodoxe Kirche ihre religiöse Autorität, um die pro-russische Haltung in der Region zu stärken. Die Kirche tritt oft als Verteidigerin traditioneller Werte auf und unterstützt die gagausische Führung in ihren Bestrebungen nach größerer Autonomie und Unabhängigkeit von den pro-europäischen Bestrebungen der moldauischen Zentralregierung.

2. Orthodoxe Kirche in Transnistrien

Transnistrien ist eine abtrünnige Region im Osten der Republik Moldau, die seit dem Zerfall der Sowjetunion 1992 de facto unabhängig ist. In Transnistrien ist die russisch-orthodoxe Kirche eine der wichtigsten religiösen Institutionen und spielt eine wesentliche Rolle im politischen und gesellschaftlichen Leben.

Rolle und Einfluss:

- **Pro-Russische Identität:** Die orthodoxe Kirche in Transnistrien ist eng mit dem Moskauer Patriarchat verbunden, was die starke pro-russische Haltung der Region widerspiegelt. Viele Menschen in Transnistrien identifizieren sich sowohl religiös als auch kulturell mit Russland. Die orthodoxe Kirche unterstützt diese pro-russische Identität und wird oft als Stabilisator in der Region angesehen.

- **Politischer Einfluss:** Die orthodoxe Kirche in Transnistrien hat eine enge Beziehung zu den politischen Eliten der Region. Sie unterstützt den Anspruch der Transnistrischen Republik auf Unabhängigkeit von Moldau und steht der Regierung oft nahe. In vielen Fällen nutzt die orthodoxe Kirche ihren Einfluss, um die pro-russische Politik und Kultur zu fördern, was wiederum den geopolitischen Status quo der Region unterstützt.

- **Gesellschaftliche Stabilität:** In einer Region, die von politischen Unsicherheiten und wirtschaftlichen Schwierigkeiten geprägt ist, bietet die orthodoxe Kirche für viele Menschen in Transnistrien eine Form von Stabilität und Kontinuität. Sie ist oft als moralische Instanz angesehen, besonders in Fragen der Familie, Tradition und Kultur.

Gemeinsamkeiten in beiden Regionen:

- **Starker Einfluss des Moskauer Patriarchats:** Sowohl in Gagausien als auch in Transnistrien steht die orthodoxe Kirche in enger Verbindung zum Moskauer Patriarchat, was die pro-russische Ausrichtung beider Regionen unterstreicht.

- **Religiöse Legitimation der politischen Verhältnisse:** In beiden Regionen unterstützt die orthodoxe Kirche die politischen Eliten, die wiederum die Kirche als wichtigen Verbündeten in ihren pro-russischen und anti-moldauischen (oder anti-europäischen) Bestrebungen ansehen.
- **Wahrung der Traditionen:** Die orthodoxe Kirche fungiert in beiden Regionen als Bewahrerin der religiösen und kulturellen Traditionen, die eng mit der russisch-orthodoxen Welt und einer pro-russischen politischen Ausrichtung verknüpft sind.

Unterschiede:

- In **Gagausien** betont die orthodoxe Kirche neben ihrer religiösen Rolle auch die kulturelle Unterscheidung der Gagausen, während in **Transnistrien** die Kirche hauptsächlich als Stütze der russischen Identität und der pro-russischen politischen Ausrichtung fungiert.

Insgesamt ist die orthodoxe Kirche in Gagausien und Transnistrien ein einflussreicher Akteur, der sowohl religiöse als auch politische und kulturelle Funktionen erfüllt und die enge Verbindung dieser Regionen zu Russland und der russischen Weltordnung stärkt.

9.4 Die Unterschiede der russischen Orthodoxen Kirche und der rumänisch orthodoxen Kirche

Die russische und die rumänische orthodoxe Kirche teilen viele zentrale Glaubensinhalte und Traditionen, da beide Teile der östlich-orthodoxen Kirche sind. Trotzdem gibt es Unterschiede in der Symbolik, die kulturell und historisch bedingt sind. Hier sind einige der wichtigsten Symbole, die sie voneinander unterscheiden:

1. Kreuz

- **Russisch-Orthodoxes Kreuz**: Das russisch-orthodoxe Kreuz ist typischerweise ein achtarmiges Kreuz. Es hat einen zusätzlichen schrägen Querbalken am unteren Ende. Diese schräge Linie symbolisiert die Kreuzigung Jesu, bei der ein Balken seine Füße stützte. Die Neigung des unteren Balkens soll die Gerechtigkeit darstellen: Der linke Teil zeigt nach unten und symbolisiert den Schächer, der Christus ablehnte, während der rechte nach oben zeigt, den Schächer symbolisierend, der bereut hat und gerettet wurde.

- **Rumänisch-Orthodoxes Kreuz**: In der rumänisch-orthodoxen Kirche ist das Kreuz in der Regel ein einfacheres, dreifaches Kreuz mit nur einer Querbalkenlinie oben und einer für die Füße, also ein traditionelleres Kreuz im byzantinischen Stil ohne die zusätzliche schräge Linie.

2. Ikonographie

- **Russische Ikonen:** Die russische orthodoxe Kirche hat eine sehr reiche und streng kodifizierte Ikonenkunst. Die Heiligen und Christusfiguren auf russischen Ikonen sind oft in strengen, meist gold- und erdfarbenen Tönen gehalten, mit einem Fokus auf spirituelle Tiefe und mystische Ausdruckskraft. Die russische Ikonografie folgt stark den alten Traditionen der Byzantinischen Kunst.

- **Rumänische Ikonen:** Die Ikonographie der rumänisch-orthodoxen Kirche ist ähnlich, weist jedoch oft stärkere lokale Einflüsse auf. Rumänische Ikonen haben oft hellere Farben und eine stärkere Betonung von Volkskunst-Einflüssen. Diese Ikonen spiegeln häufiger Elemente rumänischer Kultur und Geschichte wider, beispielsweise durch die Darstellung lokaler Heiliger und historischer Ereignisse.

3. Liturgische Gewänder

- **Russische Liturgische Gewänder:** Die russischen orthodoxen Priester tragen oft sehr aufwändige Gewänder, die in ihrer Struktur und Farbgebung stark an die byzantinischen Traditionen erinnern. Die Gewänder sind oft mit Goldfäden durchzogen und reich verziert, insbesondere bei höheren Klerikern wie Metropoliten oder Patriarchen.

- **Rumänische Liturgische Gewänder:** Die rumänisch-orthodoxen Gewänder sind oft schlichter als die russischen und weisen traditionelle lokale Muster auf. Sie können weniger opulent wirken, aber immer noch sehr kunstvoll gestaltet sein. Auch hier gibt es eine starke Anlehnung an die byzantinischen Wurzeln, jedoch mit einem deutlicheren regionalen Einfluss.

4. Architektur

- **Russische Kirchen:** Russische orthodoxe Kirchen sind bekannt für ihre charakteristischen Zwiebeltürme, die in vielen orthodoxen Kirchen in Russland und den ehemals russisch dominierten Gebieten zu finden sind. Die Form dieser Türme soll eine Flamme symbolisieren, die in Richtung Himmel brennt. Die Kirchen sind oft massiv und monumentaler in ihrer Bauweise.
- **Rumänische Kirchen:** Die Kirchen in der rumänischen orthodoxen Tradition haben einen etwas anderen Stil, der vom byzantinischen und lokalen rumänischen Einfluss geprägt ist. Sie haben oft hohe, schlanke Türme und sind in rumänischen Regionen wie der Moldau und der Walachei häufig mit Fresken verziert. Einige rumänische Kirchen sind weltberühmt für ihre Außenfresken, wie die Klöster in Bukowina.

5. Heilige und lokale Märtyrer

- **Russische Kirche:** In der russisch-orthodoxen Kirche gibt es eine lange Tradition der Verehrung von Heiligen, die eng mit der russischen Geschichte verbunden sind, wie der Heilige Sergius von Radonesch oder Alexander Newski. Auch viele Märtyrer aus der Sowjetzeit werden verehrt.
- **Rumänische Kirche:** Die rumänisch-orthodoxe Kirche verehrt auch viele lokale Heilige, darunter Stephan

den Großen (Ştefan cel Mare), der als Verteidiger der Orthodoxie gegen das Osmanische Reich gilt, und andere heilige Märtyrer, die in der Geschichte der Region eine wichtige Rolle spielten.

6. Patriarchenkreuz

- **Russisches Patriarchenkreuz:** Das Patriarchenkreuz der russischen orthodoxen Kirche ist oft ein dreifaches Kreuz mit den typischen russischen Symbolen, einschließlich der schrägen Querlinie. Es wird von den höchsten Klerikern wie dem Patriarchen getragen.

- **Rumänisches Patriarchenkreuz:** Das Patriarchenkreuz der rumänisch-orthodoxen Kirche ist oft schlichter und weniger komplex in seiner Gestaltung, ohne die schräge Querlinie, aber dennoch reich mit Symbolik und Schmuck versehen, um den hohen Rang des Trägers zu repräsentieren.

Zusammenfassung:

Die russische orthodoxe Kirche und die rumänische orthodoxe Kirche haben viele gemeinsame Grundlagen, wie den orthodoxen Glauben, aber sie unterscheiden sich in ihren spezifischen Symbolen und Darstellungen, die durch kulturelle und historische Einflüsse geprägt sind. Die russische Kirche ist oft opulenter und stärker von byzantinischen Traditionen geprägt, während die rumänische orthodoxe Kirche lokale Einflüsse und eine etwas bescheidenere Symbolik aufweist.

9.5 Der Einfluss auf die Politik und die gesetzliche Verankerung

Die orthodoxe Kirche spielt in der Republik Moldau eine bedeutende Rolle, sowohl gesellschaftlich als auch politisch. Obwohl der Staat offiziell säkular ist, hat die Kirche durch ihre kulturelle und historische Verankerung in der moldauischen Gesellschaft erheblichen Einfluss auf politische und soziale Entwicklungen.

1. Gesetzliche Verankerung

Laut Artikel 31 der Verfassung der Republik Moldau ist die Trennung von Kirche und Staat gesetzlich verankert, und Religionsfreiheit wird garantiert. Jedoch genießt die orthodoxe Kirche, insbesondere die **moldauisch-orthodoxe Kirche** (die dem Moskauer Patriarchat untersteht), eine bevorzugte Stellung. Diese Kirche hat eine langjährige Tradition in Moldau, und etwa 90 % der Bevölkerung identifizieren sich als orthodoxe Christen. Andere Religionsgemeinschaften haben ebenfalls rechtliche Anerkennung, aber die orthodoxe Kirche nimmt eine zentrale Rolle ein.

2. Einfluss auf die Politik

Der Einfluss der Kirche auf die Politik zeigt sich in mehreren Bereichen:

- **Werte und Normen:** Die orthodoxe Kirche vertritt konservative Werte, insbesondere in Bezug auf soziale Fragen wie Abtreibung, LGBTQ+- (englische Abkürzungen für Geschlechtsidentitäten und sexuelle Identität) Rechte und Ehe. Diese Werte spiegeln sich oft in politischen Debatten wider, und Politiker, die sich gegen liberale Reformen aussprechen, beziehen sich häufig auf religiöse und orthodoxe Prinzipien.

- **Nationale Identität:** Die Kirche spielt eine wesentliche Rolle in der Definition der moldauischen nationalen Identität. Sie positioniert sich oft als Bewahrerin der traditionellen Werte und der moldauischen Kultur. Dies hat insbesondere im Kontext der moldauisch-rumänischen Identitätsfrage Relevanz, da die moldauisch-orthodoxe Kirche dem Moskauer Patriarchat untersteht, während die rumänisch-orthodoxe Kirche die historische Zugehörigkeit Moldaus zu Rumänien betont.

- **Politische Einflussnahme:** Obwohl die Kirche offiziell nicht direkt in die Politik eingreift, gibt es Fälle, in denen hohe Kleriker politische Stellungnahmen abgegeben haben, etwa bei Wahlen oder bei Referenden zu gesellschaftlich kontroversen Themen. Politiker suchen häufig die Unterstützung der orthodoxen Kirche, um ihre Positionen in der Bevölkerung zu stärken. Besonders in ländlichen Gebieten ist die Kirche eine einflussreiche soziale Institution, deren Meinung von großer Bedeutung ist.

3. Beispiele für Einfluss

- **Bildung und Kultur:** Die Kirche hat auch Einfluss auf den Bildungsbereich. Religiöse Symbole sind in vielen Schulen und öffentlichen Institutionen präsent, und es gibt Debatten darüber, inwieweit Religion Teil des staatlichen Lehrplans sein sollte.

- **Wahlkämpfe und Politik:** In einigen Wahlkämpfen haben Politiker die Unterstützung der orthodoxen Kirche aktiv gesucht. Kirchliche Vertreter haben sich beispielsweise öffentlich zu politischen Fragen wie dem EU-Beitritt geäußert. Während einige Teile der Kirche pro-russische Positionen vertreten, gibt es auch Stimmen, die eine engere Anbindung an die EU unterstützen.

4. Kritik und Kontroversen

Der enge Kontakt zwischen Politik und Kirche wird auch kritisch gesehen. Kritiker argumentieren, dass die Einmischung der Kirche in staatliche Angelegenheiten die Trennung von Kirche und Staat untergrabe. Besonders umstritten ist der Einfluss der moldauisch-orthodoxen Kirche, die in ihren Positionen oft der russischen Außenpolitik nahesteht.

Fazit

In der Republik Moldau genießt die orthodoxe Kirche einen erheblichen Einfluss auf politische und gesellschaftliche Prozesse, auch wenn die Verfassung die Trennung von Kirche und Staat vorsieht. Diese Verbindung zwischen Religion und Politik bleibt eine Quelle sowohl der Stabilität als auch der Kontroversen im Land, wobei die Rolle der Kirche in Zukunft weiterhin eine wichtige politische und gesellschaftliche Dimension haben wird.

9.6 Der taktische Einsatz religiöser Bezüge in den populistischen Mobilisierungsstrategien von PPPDA und PSRM in Moldau

Sowohl die Parteien PPPDA als auch PSRM nutzten religiöse Bezüge in ihren populistischen Mobilisierungsstrategien, um Wähler in Moldau zu erreichen. Sie versuchten, religiöse Werte und traditionelle Normen zu betonen, um sich von der korrupten Elite abzugrenzen und die Mehrheit der Wähler anzusprechen. Die PSRM präsentierte pro-europäische Parteien und internationale Einflüsse als Bedrohung traditioneller Werte, während die PPPDA religiöse Werte als Heilmittel für die Einheit der moldauischen Gesellschaft betonte. Beide Parteien suchten die Unterstützung der orthodoxen Kirchen, da diese in der Bevölkerung großes Vertrauen genießen.

Die Parteien wählten unterschiedliche Schwerpunkte: PSRM fokussierte auf konservative Werte wie Religion und Familie, während die PPPDA Werte wie Toleranz und Vertrauen einbezog. Diese Nutzung religiöser Referenzen erinnert an rechte populistische Akteure in Europa, weist aber auch spezifische Unterschiede auf. Insgesamt zeigt der Text, wie Religion in populistischen Strategien taktisch eingesetzt wird, um verschiedene Wählergruppen zu mobilisieren, und betont die Bedeutung eines kontextuellen Verständnisses dieser Strategien.

PPPDA (Partidul Politic »Platforma Demnitate şi Adevăr")

Die Partei »Plattform der Würde und Wahrheit« (PPPDA) in Moldau war eine pro-europäische politische Partei, die sich insbesondere für Demokratie, Rechtsstaatlichkeit und die Bekämpfung von Korruption einsetzt. Sie wurde von Andrei Năstase gegründet und spielte eine wichtige Rolle in den Protesten gegen die Oligarchenherrschaft, insbesondere gegen den ehemaligen einflussreichen Politiker und Oligarchen Vlad Plahotniuc. Die PPPDA war in den letzten Jahren Teil verschiedener Koalitionen und hat sich als Reformpartei positioniert, die sich für ein geeintes und demokratisches Moldau ohne den Einfluss von korrupten Eliten einsetzt. Die PPPDA hatte einst eine starke Allianz mit der **Partei der Aktion und Solidarität (PAS)**, die von Maia Sandu geführt wird. Jedoch verlor die PPPDA nach den Wahlen von 2021 an politischem Einfluss, und viele ihrer ehemaligen Unterstützer wanderten zur PAS über, die bei diesen Wahlen die Mehrheit im Parlament gewann.

Die PPPDA bleibt zwar aktiv, hat jedoch seit 2021 eine weitaus geringere Rolle in der moldauischen Politik gespielt.

PSRM (Partidul Socialiştilor din Republica Moldova)

Die Partei der Sozialisten der Republik Moldau (PSRM) ist eine linksgerichtete, pro-russische politische Partei in der Republik Moldau. Sie wurde 1997 gegründet und ist bekannt für ihre pro-russische Haltung sowie ihre Betonung traditioneller und konservativer Werte. Die PSRM setzt sich für enge Beziehungen zu Russland ein

und ist gegen eine weitere Integration Moldaus in die
Europäische Union.

Die PSRM hatte unter der Führung von Igor Dodon,
der von 2016 bis 2020 Präsident von Moldau war, erheblichen Einfluss auf die moldauische Politik. Die Partei vertritt sozialistische Positionen und ist gegen neo-
liberale Wirtschaftsreformen. Sie hebt Themen wie
Sozialgerechtigkeit, den Schutz der Familie und die Be-
wahrung traditioneller Werte hervor. Gleichzeitig steht
die PSRM im Gegensatz zu pro-europäischen Kräften
in Moldau und betont die Bedeutung eines neutralen
außenpolitischen Kurses mit einer Neigung zu Russland.

10. Ethnische und gesellschaftliche Spannungen

In der Republik Moldau gibt es eine komplexe ethnische und gesellschaftliche Landschaft, die immer wieder zu Spannungen führt. Die moldauische Bevölkerung setzt sich hauptsächlich aus ethnischen Moldauern (bzw. Rumänen) zusammen, aber es gibt bedeutende Minderheiten, darunter Russen, Ukrainer, Gagausen und Bulgaren. Besonders die Regionen Gagausien und Transnistrien sind ethnisch divers und haben Autonomiestatus bzw. streben nach Unabhängigkeit.

Hauptfaktoren ethnischer Spannungen:

1. **Transnistrien-Konflikt:** Die abtrünnige Region Transnistrien ist überwiegend russischsprachig und lehnt die moldauische Zentralregierung ab. Seit dem Bürgerkrieg 1992 besteht dort eine De-facto-Unabhängigkeit unter russischem Einfluss. Dies führt zu anhaltenden Spannungen zwischen der moldauischen Regierung und der Region, was auch die Beziehung zu Russland beeinflusst.

2. **Gagausien:** Die autonome Region Gagausien im Süden des Landes wird von der turksprachigen Gagausen-Minderheit bewohnt, die historisch engere Beziehungen zu Russland und der russisch-orthodoxen Kirche pflegt. Obwohl sie offiziell Teil der Republik Moldau ist, gibt es immer wieder Unabhängigkeitsbestrebungen, besonders bei pro-russischen politischen Bewegungen.

3. **Russischsprachige Bevölkerung:** Die russischsprachige Minderheit, die sich besonders in den urbanen Zentren und Transnistrien konzentriert, fühlt sich oft von den nationalen Bewegungen der Moldauer entfremdet. Die Sprachpolitik der Republik Moldau, die Rumänisch als offizielle Sprache favorisiert, sorgt hier für Spannungen.

4. **Rumänische Identitätsfrage:** Die Frage, ob die moldauische Identität von der rumänischen getrennt ist, bleibt ein politisch und gesellschaftlich umstrittenes Thema. Pro-rumänische Bewegungen fordern eine engere Anbindung an Rumänien, während andere dies als Bedrohung der moldauischen Unabhängigkeit und Identität sehen.

Diese ethnischen Spannungen beeinflussen die gesellschaftliche und politische Stabilität des Landes und stellen eine Herausforderung für die nationale Einheit und den europäischen Integrationsprozess dar.

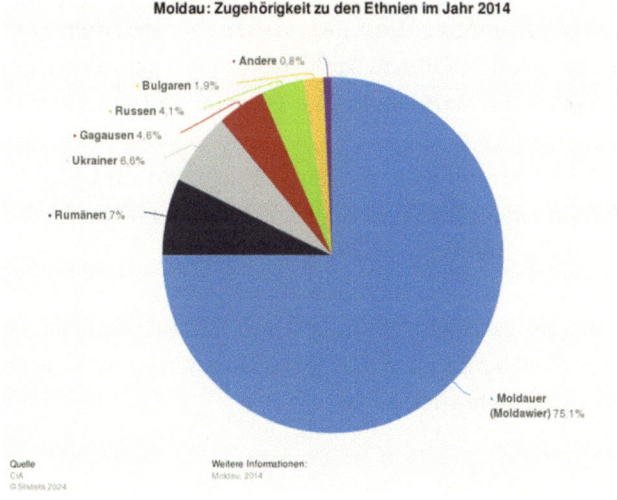

Moldau: Zugehörigkeit zu den Ethnien im Jahr 2014

- Andere 0,8 %
- Bulgaren 1,9 %
- Russen 4,1 %
- Gagausen 4,6 %
- Ukrainer 6,6 %
- Rumänen 7 %
- Moldauer (Moldawier) 75,1 %

Quelle
CIA
© Statista 2024

Weitere Informationen:
Moldau; 2014

10.1 Die Bulgaren in der Republik Moldau

Die bulgarische Minderheit in der Republik Moldau hat eine lange Geschichte, die bis ins 18. und 19. Jahrhundert zurückreicht, als Bulgaren vor osmanischer Unterdrückung in das damals russisch beherrschte Bessarabien flohen. Heute leben etwa 50.000 Bulgaren in Moldau, vor allem in der Region Gagausien und im Süden des Landes. Diese Minderheit konnte über die Jahre hinweg ihre Kultur und Sprache bewahren. Viele Moldaubulgaren sprechen Bulgarisch und pflegen traditionelle Bräuche. Obwohl sie gut in die Gesellschaft integriert sind, haben sie ihre eigene Identität und organisieren sich in kulturellen Vereinen.

Die bulgarische Minderheit in Moldau ist auch politisch aktiv. Durch die Autonomie der Region Gagausien, wo viele Bulgaren leben, haben sie eine gewisse regionale Mitbestimmung. Dennoch stehen sie, wie andere ethnische Minderheiten in Moldau, vor Herausforderungen in Bezug auf wirtschaftliche Entwicklung und soziale Gleichstellung.

Die Beziehungen zwischen Bulgarien und Moldau bleiben eng, insbesondere durch die Unterstützung Bulgariens in Bildungs- und Kulturfragen.

Radio Bulgaria sendete folgenden Bericht:
https://bnr.bg/de/post/100687890/bulgaren-in-moldawien-vergessen-nicht-die-heimat

Bulgaren in Moldawien vergessen nicht die Heimat

veröffentlicht am 03.05.16 um 15:43] | Autor: Joan Kolew

Denkmal am Eingang von Taraklia   Foto: taraclia.net

Der frühere Korrespondent des BNR in Rumänien und Moldawien Georgi Wassilski berichtet:

»Die Probleme der Bulgaren in Moldawien sind unterschiedlichster Natur, begonnen bei den wirtschaftlichen Problemen«, sagt Georgi Wassilski. »Dort müssen ca. 4 Millionen Menschen mit einem monatlichen Durchschnittslohn von 240-250 Dollar auskommen und das bei Preisen, die mit denen in Bulgarien vergleichbar sind. Um unter diesen Umständen überleben zu können, arbeiten viele im Ausland. In kultureller Hinsicht sind unsere Landsleute dort auf der Suche nach ihren Wurzeln. Hinzu kommt, dass bulgarischen Rundfunk- und TV-Sender in Moldawien nur über das Internet zu empfangen sind. Das könnte sich bei einem aktiven Dialog zwischen beiden Staaten ändern. Man sollte in den Regionen mit kompakter bulgarischer Bevölkerung

Ethnische und gesellschaftliche Spannungen   143

die Programme des Bulgarischen Nationalen Fernsehens und Rundfunks empfangen können.«

Die Kleinstadt Taraklia ist das Zentrum der bulgarischen Gemeinschaft in Moldawien. Die Mehrheit der rund 15.000 Einwohner sind Bulgaren. Viele von ihnen sprechen kein Moldauisch, pflegen jedoch alle bulgarischen Traditionen und haben keine Probleme aufgrund ihrer Nationalität. In Taraklia befinden sich auch die bulgarische Schule »Wassil Lewski« sowie eine bulgarische Universität

Die **Schule »Wassil Lewski«** bietet Unterricht in bulgarischer Sprache und orientiert sich an bulgarischen Lehrplänen, wodurch die Kinder die Möglichkeit haben, ihre ethnische Identität weiter zu pflegen. Sie gilt als wichtige Bildungseinrichtung für die bulgarische Gemeinschaft in Moldawien.

Die **Staatliche Universität Taraklia** (offiziell bekannt als Grigoriy-Tsaribrodsky-Universität) wurde gegründet, um den Bildungsbedürfnissen der bulgarischen Minderheit in Moldawien gerecht zu werden. Sie bietet Studiengänge in verschiedenen Disziplinen, wobei ein besonderer Fokus auf die bulgarische Sprache, Kultur und Geschichte gelegt wird. Die Universität wird teilweise durch Mittel aus Bulgarien unterstützt, was ihre Bedeutung als Symbol der kulturellen Verbindung zwischen Moldau und Bulgarien unterstreicht. Die Verwaltung und Verteilung der finanziellen Mittel kann jedoch aufgrund von bürokratischen Hürden, die durch das moldawische Bildungsministerium entstehen, eingeschränkt sein.

Die **Strategie der Staatlichen Universität Taraklia** zielt darauf ab, Forschung und Bildung eng miteinander zu verknüpfen und die bulgarische Kultur sowie akademische Exzellenz zu fördern. Die Schwerpunkte liegen insbesondere auf der Erforschung der **bulgarischen Geschichte, Folklore, Linguistik, Literatur, Musik, Ethnographie und Archäologie.** Diese Themen werden mit dem Ziel erforscht, neues Wissen in Bereichen wie **Philologie, Pädagogik, Psychologie, Soziologie, Geschichte, Wirtschaft und Kulturwissenschaften** zu gewinnen.

Die Universität verfolgt das Ziel, wissenschaftliche Erkenntnisse nicht nur theoretisch, sondern auch praktisch umzusetzen. Dazu gehört die Entwicklung von Lehrmaterialien, Monographien und wissenschaftlichen Werken, die in der Lehre eingesetzt werden. Ein wichtiger Bestandteil der Strategie ist es, die Studierenden aktiv in Forschungsarbeiten einzubeziehen, was zur Erhöhung ihres Ausbildungsniveaus und ihrer wissenschaftlichen Kompetenzen beiträgt.

Die enge Zusammenarbeit mit der **Akademie der Wissenschaften der Republik Moldau** und anderen wissenschaftlichen Institutionen wird gefördert, um Forschungsprojekte im Bereich der bulgarischen Studien und der nationalen Minderheiten zu intensivieren. Außerdem plant die Universität die **Entwicklung eines ethnografischen Museums** zu wissenschaftlichen und pädagogischen Zwecken sowie die **Schaffung eines wissenschaftlichen Zentrums** zur Unterstützung der akademischen Forschung.

Zusätzlich sieht die Strategie eine Stärkung des wissenschaftlichen Personals vor, insbesondere durch die Förderung von Lehrern und Forschern, ihre Qualifikationen zu verbessern und wissenschaftliche Arbeiten zu veröffentlichen. Das Ziel ist, den Anteil an wissenschaftlich qualifiziertem Personal zu erhöhen und den Austausch von Wissen auf Konferenzen und durch Publikationen zu fördern.

Durch diese Maßnahmen soll die Universität ihre Rolle als Bildungs- und Forschungszentrum weiter ausbauen und zur Förderung der bulgarischen Kultur und Wissenschaft in Moldau beitragen.

Troebst schreibt zu den Bulgaren in Transnistrien:

»Anders stellt sich die Lage der Bulgaren im abtrünnigen Teil Moldovas dar: die Bulgaren Transnistriens (PMR) haben eindeutig Partei für die separatistische Führung in Tiraspol ergriffen.Ds trifft vor allem für den bulgarischen Hauptort aufdem linken Dnjestr-Ufer, das große Dorf Parcani (bulg. Parkani) zu.Etwa die Hälfte der rund 7000 Einwohner ist hier bulgarischer abstammung. Darüberhinaus leben größere bulgarische gemeinschaften auch in der ethisch stark gemischten Kleinstadt Grigoriopol sowie bendery/Tigina und Tiraspol. Insgesamt dürfte nur ca. 15 der Bevölkerung der PMR bulgarischer Herkunft sein...............Die Bulgaren auf dem Westuferdes Dnjestr gehören weiterhin zur gesamtmoldauischen bulgarischen Kulturorganisation »Văzraždane« mit Sitz in Chişinău und Außenstelle in Parcani.Die Bulgaren könnten also eines tages als eine derjenigen Klammer fungieren, die die beiden so unterschiedlichen landesteile Moldovas zusammenführen«[55]

---

55   Troebst,2012, 209-210

Die Kulturorganisation »Văzraždane« »Vazrazhdane« (übersetzt »Wiedergeburt«) in Chişinău ist eine bedeutende Organisation, die der bulgarischen Minderheit in der Republik Moldau dient. Sie hat sich zum Ziel gesetzt, die **bulgarische Kultur, Sprache und Traditionen** in Moldau zu bewahren und zu fördern. Die Organisation spielt eine wichtige Rolle im kulturellen Leben der bulgarischen Gemeinschaft, indem sie verschiedene Veranstaltungen, Bildungsinitiativen und kulturelle Programme organisiert.

»Vazrazhdane« unterstützt auch die Zusammenarbeit zwischen Bulgarien und Moldau, insbesondere in den Bereichen Bildung, Kultur und Geschichte. Durch Aktivitäten wie **Tanz- und Musikgruppen, Sprachkurse und kulturelle Feste** trägt die Organisation dazu bei, die bulgarische Identität in Moldau lebendig zu halten und gleichzeitig den interkulturellen Austausch mit anderen ethnischen Gruppen in der Region zu fördern.

11. Die Beziehungen zur Europäischen Union

Die Republik Moldau verfolgt seit mehreren Jahren ehrgeizige europäische Ambitionen. Diese Ambitionen umfassen verschiedene politische, wirtschaftliche und soziale Bereiche:

1. **EU-Annäherung und Beitritt:** Moldau strebt eine engere Anbindung an die Europäische Union an. Das Land hat 2014 ein Assoziierungsabkommen mit der EU unterzeichnet, das eine tiefere politische und wirtschaftliche Integration vorsieht. Der Wunsch nach EU-Mitgliedschaft wird von vielen in Moldau unterstützt und stellt einen wichtigen Teil der Außenpolitik dar.

2. **Reformprozesse:** Um die EU-Standards zu erfüllen, hat Moldau umfassende Reformen in Bereichen wie Justiz, Korruptionsbekämpfung und Wirtschaft umgesetzt. Die Verbesserung der Rechtsstaatlichkeit und die Stärkung der demokratischen Institutionen sind zentrale Anliegen.

3. **Wirtschaftliche Integration:** Moldau strebt eine stärkere wirtschaftliche Integration mit der EU an, um Handel und Investitionen zu fördern. Durch die Synchronisierung ihrer Energiesysteme mit den europäischen Netzwerken hat Moldau ihre wirtschaftliche Resilienz erhöht und die Abhängigkeit von Russland und Transnistrien verringert.

4. **Politische Unterstützung:** Die moldauische Regierung hat den Kurs auf europäische Integration klar

artikuliert und setzt sich aktiv für die Unterstützung durch die EU ein. Dies umfasst auch finanzielle Hilfe und technische Unterstützung für Reformprojekte.

5. **Gesellschaftliche Unterstützung:** Die europäische Orientierung findet breite Unterstützung in der moldauischen Bevölkerung, die sich eine Modernisierung des Landes und bessere Lebensbedingungen erhofft.

Zusammengefasst zeigt Moldau durch diese Schritte und Initiativen eine klare Richtung hin zu einer verstärkten Integration in die europäische Gemeinschaft und strebt langfristig eine Mitgliedschaft in der EU an.

Barbara Lippert schreibt zur EU-Erweiterungspolitik im Abschnitt: »Krieg als Gamechanger«

»Dennoch steuerte die EU bis zur russischen Vollinvasion in der Ukraine ihre Erweiterungs- und Nachbarschaftspolitik auf zwei getrennten Gleisen. Als Antwort auf den russischen Angriffskrieg vollzog sie im Juni 2022 einen Kurswechsel und setzte Moldau, die Ukraine und Georgien auf das Erweiterungsgleis. Die Erweiterung wird seitdem vor allem sicherheitspolitisch begründet (Souveränität und territoriale Integrität der Ukraine) und dient dazu, den Einfluss Russlands einzudämmen und ihm entgegenzuwirken. Sicherheitspolitische Grauzonen sollen in Europa verhindert oder minimiert werden. Da Russland gleichermaßen die Sicherheit der EU- und NATO-Länder bedroht, ist der neu abgesteckte Erweiterungsraum zu einem Raum gemeinsamer Sicherheit beziehungsweise

Unsicherheit geworden. Diese geopolitische Logik diktiert ein hohes Erweiterungstempo. Die EU bekräftigt andererseits, dass es keine Schnellspur zum Beitritt und keinen Rabatt auf die Beitrittskriterien geben soll. Hier stoßen Geo- und Integrationspolitik aufeinander. Offen ist, ob die EU nicht nur deklaratorisch auf eine primär »strategische Erweiterung »umschwenkt.«[56]

EUROPEAN
COMMISSION [57]

Brussels, 8.11.2023
SWD(2023) 698 final

COMMISSION STAFF WORKING DOCUMENT

Republic of Moldova 2023 Report

Das EU-Kommunikationspapier an das Europäische Parlament, den Europäischen Rat und den Rat enthält eine Darstellung der politischen Prioritäten, die die Europäische Kommission für die Republik Moldau festgelegt hat, sowie ihrer Vision für die Zusammenarbeit innerhalb der EU und mit Moldau. Es beschreibt spezifische politische Initiativen, Strategien und Fortschritte

---

56   Lippert, 2024, 43
57   https://neighbourhood-enlargement.ec.europa.eu/document/
       download/d8ef3ca9-2191-46e7-b9b8-946363f6db91_en?filename=
       SWD_2023_698%20Moldova%20report.pdf

in verschiedenen Bereichen wie wirtschaftliche Zusammenarbeit, Sicherheitsfragen, Klima- und Umweltpolitik sowie internationale Partnerschaften. Darüber hinaus gibt es einen Überblick überlaufende und geplante Maßnahmen und betont die Notwendigkeit der Zusammenarbeit und des Dialogs zwischen den Mitgliedstaaten und Institutionen, um die Ziele der Europäischen Union zu erreichen.

Nach dem Beschluss des Europäischen Rates vom 14./15. Dezember 2023 über die Aufnahme von Beitrittsverhandlungen mit Moldau und die Billigung des Verhandlungsrahmens für die Verhandlungen mit Moldau durch den Rat am 21. Juni 2024 über die Verfahrensweise bei der Erweiterung mit Moldau sprach Hadja Lahbib, belgische Ministerin der Auswärtigen Angelegenheiten und der Europäischen Angelegenheiten:

»Ich gratuliere Moldau zu diesem entscheidenden Schritt auf seinem Weg zum EU-Beitritt. Die Aufnahme von Beitrittsverhandlungen nur zwei Jahre nach der Zuerkennung des Status eines Beitrittskandidaten ist ein Beleg für die Entschlossenheit Moldaus, die Reformagenda der EU zu erfüllen. Nun, da wir dieses neue Kapitel in unseren Beziehungen aufschlagen, ist es wichtig, dass die Reformbemühungen sorgfältig fortgesetzt werden. Die Zukunft Moldaus und seiner Bürgerinnen und Bürger liegt in der Europäischen Union.«

Die EU verurteilt erneut Russlands Angriffskrieg gegen die Ukraine und sichert Moldau umfassende Unterstützung zur Stärkung seiner Widerstandsfähigkeit und Sicherheit zu. Moldau ist bereits ein enger EU-Partner und unterzeichnete am 21. Mai 2024 eine Sicherheits- und Verteidigungspartnerschaft. Die Kommission soll Moldaus Vorbereitungen auf Beitrittsverhandlungen weiter bewerten, insbesondere im Bereich »wesentliche Elemente«. Als zukünftiger Mitgliedstaat wird von Moldau erwartet, die in Artikel 2 des EU-Vertrags verankerten Werte wie Freiheit, Demokratie und Menschenrechte zu achten.

12. Russlands Einfluss in der Republik Moldau

Seit Beginn des russischen Angriffskriegs gegen die Ukraine 1922 sieht sich Moldau beispiellosen Herausforderungen gegenüber, darunter eine große Zahl an Flüchtlingen, Inflation, Bedrohungen der Energieversorgung, Verletzungen seines Luftraums sowie zahlreichen hybriden Bedrohungen wie ausländische Einmischung, Desinformation und Cyberangriffe.

Russland hat einen erheblichen und vielschichtigen Einfluss auf die Republik Moldau, der sich historisch, politisch, wirtschaftlich und kulturell manifestiert. Hier sind die wichtigsten Bereiche, in denen dieser Einfluss spürbar ist:

- **Historischer und kultureller Einfluss**

Russland und die Region, die heute Moldau umfasst, haben eine lange gemeinsame Geschichte, insbesondere durch das Russische Kaiserreich und später die Sowjetunion, zu der Bessarabien und die heutige Republik Moldau gehörten. Diese gemeinsame Geschichte hat kulturelle und sprachliche Verbindungen geschaffen, insbesondere durch die russische Minderheit in Moldau und die Verbreitung der russischen Sprache.

- **Transnistrien-Konflikt**

Russland spielt eine zentrale Rolle im Konflikt um die abtrünnige Region **Transnistrien** im Osten Moldaus.

Seit dem Zusammenbruch der Sowjetunion 1991 kontrolliert die selbsternannte **Republik Transnistrien**, die eine prorussische Ausrichtung hat, dieses Gebiet. Russland unterstützt Transnistrien politisch, wirtschaftlich und militärisch, indem es dort Truppen stationiert und wirtschaftliche Hilfen leistet. Diese Unterstützung verstärkt den Konflikt zwischen Transnistrien und der moldauischen Regierung und verhindert die vollständige territoriale Wiedervereinigung Moldaus.

• **Wirtschaftlicher Einfluss**

Russland hat Moldau wirtschaftlich stark beeinflusst, vor allem durch den Handel mit Energie. Moldau ist in hohem Maße von **russischem Erdgas** abhängig, was Moskau ein starkes Druckmittel verleiht. In der Vergangenheit hat Russland mehrfach den Gashahn zugedreht oder die Preise erhöht, um politischen Druck auf Chişinău auszuüben.

Zudem ist der russische Markt für moldauische Exporte, insbesondere landwirtschaftliche Produkte wie Obst und Wein, von großer Bedeutung. Russland hat in der Vergangenheit jedoch wiederholt Handelssanktionen gegen Moldau verhängt, wenn die moldauische Regierung Schritte in Richtung engerer Beziehungen zur Europäischen Union unternahm.

• **Politischer Einfluss**

Russland hat in Moldau eine starke politische Präsenz, insbesondere durch Parteien und Politiker, die prorussische Positionen vertreten. Zu diesen gehört vor allem die **Sozialistische Partei**, die unter Präsident Igor

Dodon (2016–2020) eine prorussische Ausrichtung verfolgte. Russland hat versucht, politische Kräfte zu unterstützen, die eine engere Bindung an Moskau statt an die Europäische Union bevorzugen.

- **Geopolitische Spannungen**

Die moldauische Regierung unter **Maia Sandu** und die pro-europäische **Partei der Aktion und Solidarität (PAS)** streben eine stärkere Integration mit der Europäischen Union an, was Russland als Bedrohung für seinen Einfluss in der Region sieht. Die geopolitische Spannungszone zwischen der EU und Russland macht Moldau zu einem Schlachtfeld um Einfluss.

- **Energiekrise und Ukraine-Krieg**

Der Krieg Russlands gegen die Ukraine hat die Lage in Moldau weiter verschärft. **Russland setzt Energie als Druckmittel** ein, indem es die Gaslieferungen an Moldau immer wieder reduziert oder die Preise erhöht. Moldau war zudem stark von der **Flüchtlingskrise** betroffen, die durch den Krieg ausgelöst wurde. Die Nähe des Landes zu den Kriegsgebieten und seine wirtschaftliche Abhängigkeit von russischer Energie haben die Stabilität Moldaus auf die Probe gestellt.

- **Medien und Propaganda**

Russland beeinflusst auch die öffentliche Meinung in Moldau durch **Medien** und **Propaganda**, die prorussische Nachrichten verbreiten und die europäische Integration kritisieren. Russische Medien haben eine große Reichweite in Moldau, und prorussische Medienkanäle spielen

eine wichtige Rolle bei der Meinungsbildung in Teilen
der Bevölkerung.

Fazit

Der russische Einfluss auf Moldau ist vielschichtig und
reicht von geopolitischen Interessen über wirtschaftliche Hebel bis hin zu kulturellen Verbindungen. Während die derzeitige moldauische Regierung eine pro-
europäische Ausrichtung verfolgt, bleibt Russland ein
wichtiger Akteur, der versucht, seinen Einfluss zu bewahren und auszuweiten.

12.1 Das Verhältnis zum Nachbar Ukraine

Die Beziehungen zwischen der Ukraine und der Republik Moldau waren historisch nicht immer konfliktfrei,
was auf mehrere Faktoren zurückzuführen ist, die sowohl aus der gemeinsamen Geschichte als auch aus geopolitischen Spannungen resultieren. Hier sind einige der
zentralen Gründe:

1. Gemeinsame Geschichte und Grenzkonflikte
Die Gebiete, die heute zur Ukraine und Moldau gehören, haben im Laufe der Geschichte mehrfach den Be-
sitzer gewechselt, insbesondere während des 19. und 20.
Jahrhunderts. Teile des heutigen Moldaus, einschließlich
der Region Bessarabien, gehörten zeitweise zum Russischen Reich, Rumänien und der Sowjetunion. Nach dem
Zerfall der Sowjetunion blieben einige Grenzfragen ungelöst, was gelegentlich zu Spannungen zwischen beiden
Ländern führte.

Die Geschichte mit den Gebietsabtretungen von 1940 war
für Moldau konfliktbeladen aus mehreren Gründen:

a. *Erzwungene Gebietsabtreten:* Die Abtretung Bessarabiens an die Sowjetunion erfolgte unter massivem Druck
und ohne Zustimmung Rumäniens oder der lokalen Bevölkerung. Dies wurde von vielen als erzwungene Annexion gesehen, was zu tiefem Unmut führte, insbesondere
in der moldauischen Bevölkerung, die plötzlich unter sowjetische Herrschaft fiel.

b. *Teilung des historischen Gebiets:* Bessarabien, das historische Kernland Moldaus, wurde nach der sowjetischen
Besetzung geteilt. Der zentrale Teil bildete die Moldauische SSR, während **Südbessarabien und die nördliche
Bukowina an die Ukrainische SSR** angegliedert wurden. Diese territoriale Aufspaltung trennte historische
und kulturell zusammenhängende Gebiete, was für Moldau schmerzhaft war.

c. **Demografische und ethnische Verschiebungen:** Die
Grenzverschiebungen führten zu Bevölkerungs-
umsiedlungen und demographischen Veränderungen.
Durch sowjetische Politik wurden ethnische Gruppen
wie Russen und Ukrainer gefördert, während Moldauer
und Rumänen marginalisiert wurden. Diese gezielten
Änderungen führten zu Spannungen in der Region.

d. *Verlust von strategischem Gebiet:* Südbessarabien, insbesondere der Budschak, war für Moldau historisch und
strategisch wichtig, insbesondere wegen des Zugangs zum
Schwarzen Meer. Der Verlust dieser Region an die Ukraine schwächte Moldau geopolitisch und wirtschaftlich.

e. Langfristige Folgen: Die Abtretung von Teilen Bessarabiens an die Ukraine sorgte für anhaltende Ressentiments. Auch nach dem Zerfall der Sowjetunion 1991 blieben die historischen Grenzfragen und die Beziehungen zwischen Moldau und seinen Nachbarn belastet, besonders im Kontext des Transnistrien-Konflikts.

2. Transnistrien-Konflikt

Der Transnistrien-Konflikt ist eine der bedeutendsten Spannungsquellen zwischen der Ukraine und Moldau. Transnistrien, ein schmaler Landstreifen entlang des Dnjestr-Flusses im Osten Moldaus, erklärte nach dem Zerfall der Sowjetunion 1990 seine Unabhängigkeit von Moldau. Die Ukraine, obwohl sie die Unabhängigkeit Transnistriens nicht anerkennt, hat immer eine neutrale Haltung eingenommen, was in Moldau oft als unzureichend empfunden wurde. Der Konflikt ist komplex, da Russland eine entscheidende Rolle bei der Unterstützung Transnistriens spielt und russische Truppen in der Region stationiert sind. Moldau sieht Transnistrien als illegale Abspaltung, während die Ukraine diese Region auch als potenzielle Bedrohung für ihre eigene territoriale Sicherheit wahrnimmt, insbesondere wegen des russischen Einflusses.

3. Energieabhängigkeit und Versorgungskrisen

Die Energiebeziehungen zwischen der Ukraine und Moldau sind ebenfalls eine Quelle von Spannungen gewesen. Moldau ist in hohem Maße auf Stromimporte aus der Ukraine angewiesen, was in Krisenzeiten – wie dem russisch-ukrainischen Gasstreit 2009 und dem Krieg in der Ukraine ab 2014 – die Verwundbarkeit Moldaus verdeutlichte. Zudem gibt es Spannungen über die Stromversorgung aus dem Moldauer Kraftwerk MGRES in Transnistrien, das von der Ukraine mit Gas beliefert wird, aber die Stromproduktion zugunsten von Transnistrien steuert.

4. Russischer Einfluss und geopolitische Ausrichtung

Sowohl die Ukraine als auch Moldau standen nach dem Zerfall der Sowjetunion vor der Herausforderung, ihre politischen und wirtschaftlichen Systeme neu auszurichten. Während beide Länder sich zunehmend in Richtung der EU orientierten, gab es in den 1990er und 2000er Jahren Phasen, in denen prorussische Kräfte in beiden Ländern starken Einfluss hatten. Der russische Einfluss in Transnistrien hat immer wieder Spannungen zwischen Moldau und der Ukraine hervorgerufen, da beide Länder den russischen Einfluss in ihren jeweiligen Regionen als Bedrohung für ihre Souveränität ansahen.

5. Unterschiedliche innenpolitische Entwicklungen

Die innenpolitischen Entwicklungen in der Ukraine und Moldau verliefen oft unterschiedlich, was ebenfalls zu Spannungen führte. Während die Ukraine größere Schritte in Richtung Demokratie und Reformen unternahm, kämpfte Moldau lange mit internen politischen Krisen, Korruption und einer schwachen Wirtschaft. Dies führte zeitweise zu Missverständnissen und Differenzen in der Art und Weise, wie beide Länder ihre Außenpolitik und regionale Zusammenarbeit gestalteten.

Schlussfolgerungen

Die Beziehungen zwischen der Ukraine und Moldau waren historisch von geopolitischen, wirtschaftlichen und sicherheitspolitischen Herausforderungen geprägt. Grenzkonflikte, der Transnistrien-Konflikt, Energiefragen und die russische Einflussnahme haben immer wieder zu Spannungen geführt. Trotzdem gibt es auch Bestrebungen, die Beziehungen zu verbessern, insbesondere im Kontext der europäischen Integration und der gemeinsamen Herausforderung, den russischen Einfluss in der Region zu mindern.

12.2 Moldau und die Ukrainekrise

Die Rolle Moldaus im Ukrainekonflikt ist komplex und vielschichtig, da das Land geografisch, politisch und wirtschaftlich in einer sensiblen Lage zwischen der Ukraine, Russland und der Europäischen Union steht. Moldau hat mehrere Herausforderungen im Zusammenhang mit dem Krieg in der Ukraine zu bewältigen, von Sicherheitsbedenken bis hin zu wirtschaftlichen und humanitären Fragen. Hier sind die wichtigsten Aspekte von Moldaus Rolle im Ukrainekonflikt:

1. Geografische Nähe und Sicherheitsbedenken
Moldau grenzt direkt an die Ukraine, und insbesondere die Region **Transnistrien**, ein abtrünniges Gebiet im Osten Moldaus, spielt eine bedeutende Rolle im Konflikt. Transnistrien ist prorussisch, beherbergt russische Truppen und liegt unmittelbar an der Grenze zur Ukraine. Dies macht die Region zu einer potenziellen Gefahr

für Moldau, da es Bedenken gibt, dass Transnistrien in den Konflikt hineingezogen werden könnte, was Moldau destabilisieren würde.

Moldau ist militärisch schwach und nicht Mitglied der NATO, weshalb es eine starke Besorgnis über die eigene Sicherheit gibt. Der Konflikt hat die Aufmerksamkeit auf die **Verteidigungsfähigkeit Moldaus** gelenkt, und es gibt Diskussionen über mögliche Reformen des Sicherheitssektors.

2. Humanitäre Krise und Flüchtlinge

Der Ukrainekrieg hat eine große **Flüchtlingswelle** nach Moldau gebracht. Seit Beginn der russischen Invasion hat Moldau Hunderttausende ukrainische Flüchtlinge aufgenommen, was eine immense Belastung für das Land darstellt. Moldau ist eines der ärmsten Länder Europas, und die Versorgung und Unterbringung von Flüchtlingen hat die bereits knappen Ressourcen des Landes erheblich beansprucht. Internationale Hilfe und Unterstützung, insbesondere von der Europäischen Union und anderen Partnern, haben eine entscheidende Rolle bei der Bewältigung dieser Krise gespielt.

3. Energiekrise

Moldau ist stark von **russischem Erdgas** abhängig, und der Krieg in der Ukraine hat diese Abhängigkeit zu einem erheblichen Problem gemacht. Russland hat wiederholt die Gaspreise erhöht oder die Lieferungen nach Moldau eingeschränkt, was zu einer Energiekrise im Land geführt hat. Moldau war gezwungen, nach alternativen Energiequellen zu suchen, um die Auswirkungen von Engpässen und Preissteigerungen abzufedern. Die Energiekrise hat auch zu einer Verschlechterung der wirtschaftlichen Lage im Land beigetragen.

Die Nähe des Krieges und die Unsicherheiten im ukrainischen Energiesektor haben sich zusätzlich auf die Energieversorgung Moldaus ausgewirkt, da die Ukraine ein wichtiger Transitstaat für Energielieferungen nach Moldau ist.

4. Politische und geopolitische Rolle

Moldau hat unter Präsidentin **Maia Sandu** und der pro-europäischen Regierung eine klare **pro-europäische** Haltung eingenommen. Die moldauische Regierung hat den russischen Angriff auf die Ukraine verurteilt und sich solidarisch mit der Ukraine gezeigt, ohne sich jedoch direkt militärisch in den Konflikt einzumischen. Moldau ist ein **neutraler Staat**, und diese Neutralität ist in seiner Verfassung verankert, was bedeutet, dass es nicht direkt in militärische Auseinandersetzungen verwickelt werden kann.

Dennoch hat Moldau politisch klare Signale in Richtung des Westens und der Europäischen Union gesendet. Im **Juni 2022** erhielt Moldau zusammen mit der Ukraine den **Kandidatenstatus** für eine Mitgliedschaft in der EU, was einen bedeutenden Schritt in seiner geopolitischen Ausrichtung darstellt.

5. Transnistrien und die russische Präsenz

Die abtrünnige Region **Transnistrien** bleibt eine bedeutende Herausforderung für Moldau im Zusammenhang mit dem Ukrainekonflikt. Transnistrien wird von prorussischen Kräften kontrolliert, und Russland unterhält dort eine militärische Präsenz, die als »Friedensmission« bezeichnet wird. Die Präsenz russischer Truppen in Transnistrien stellt eine latente Gefahr für Moldau dar, insbesondere im Kontext des Ukrainekriegs. Es gab immer wieder Spekulationen, dass Russland versuchen könnte, Transnistrien in den Krieg einzubeziehen oder es als Ausgangspunkt für militärische Operationen gegen die Ukraine oder sogar gegen Moldau selbst zu nutzen.

Bisher hat es in Transnistrien nur begrenzte Zwischenfälle gegeben, aber die Spannungen in der Region bleiben hoch.

6. Wirtschaftliche Auswirkungen

Der Krieg in der Ukraine hat gravierende wirtschaftliche Auswirkungen auf Moldau. Die Unterbrechungen von Handelsrouten, insbesondere über die Ukraine, haben den Handel erschwert, und der Verlust des ukrainischen Marktes hat Moldaus Wirtschaft getroffen. Gleichzeitig haben die internationalen Sanktionen gegen Russland auch Auswirkungen auf moldauische Unternehmen, die Verbindungen zu Russland haben.

Trotz dieser Herausforderungen versucht Moldau, seine Wirtschaft durch **engere Beziehungen zur EU** zu stabilisieren und den Handel in Richtung Westen zu orientieren.

Schlussfolgerung

Moldaus Rolle im Ukrainekonflikt ist durch humanitäre, geopolitische und wirtschaftliche Herausforderungen geprägt. Das Land steht vor der schwierigen Aufgabe, seine Neutralität zu wahren, während es gleichzeitig die Nähe zum Krieg in der Ukraine, die Bedrohung durch Transnistrien und die Abhängigkeit von russischer Energie bewältigen muss. Gleichzeitig hat der Ukrainekrieg Moldaus europäische Integration beschleunigt und den Wunsch nach engeren Verbindungen zur Europäischen Union verstärkt.

13. Perspektiven für die Zukunft

Moldau hat in den letzten Jahren stark an Bedeutung gewonnen, insbesondere aufgrund geopolitischer Veränderungen in der Region. Moldau befindet sich geografisch und politisch in einer Schlüsselposition zwischen der Europäischen Union (EU) und Russland und ist damit direkt von Sicherheitsfragen betroffen, die die Stabilität Europas beeinflussen.

13.1 Moldaus Rolle in der europäischen Sicherheitsarchitektur

Hier sind die Hauptaspekte von Moldaus Rolle:

1. Geopolitische Lage:
Moldau grenzt an die Ukraine und liegt in der Nähe des Schwarzmeerraums, einer strategisch wichtigen Region für die europäische Sicherheit. Seit dem russischen Angriffskrieg gegen die Ukraine hat Moldau an Bedeutung als Pufferstaat und Transitland für Flüchtlinge gewonnen. Diese Rolle verdeutlicht die Notwendigkeit, Moldau in die europäische Sicherheitsarchitektur einzubinden, um die Stabilität in Südosteuropa zu gewährleisten.

2. Transnistrien-Konflikt:
Der ungelöste Konflikt um die abtrünnige Region Transnistrien, die von pro-russischen Kräften kontrolliert wird, stellt eine Sicherheitsherausforderung dar. Transnistrien ist ein »eingefrorener Konflikt«, der von

Russland als Hebel genutzt wird, um seinen Einfluss in der Region zu sichern. Die EU und internationale Akteure wie die OSZE (Organisation für Sicherheit und Zusammenarbeit in Europa) haben Interesse an einer friedlichen Lösung auf der Grundlage der moldauischen territorialen Integrität.

3. EU-Nähe und Verteidigungskooperation:
Seit der Gewährung des EU-Beitrittskandidatenstatus im Juni 2022 und der Unterzeichnung einer Sicherheits- und Verteidigungspartnerschaft im Mai 2024 hat Moldau eine engere Anbindung an die EU in Sicherheitsfragen angestrebt. Diese Partnerschaft unterstreicht Moldaus Bereitschaft, sich in europäische Sicherheitsinitiativen einzubringen, insbesondere durch den Ausbau der Verteidigungsfähigkeiten und der Resilienz gegen hybride Bedrohungen, wie Desinformation und Cyberangriffe.

4. Hybride Bedrohungen und Resilienz:
Moldau ist Ziel hybrider Bedrohungen, die von Russland ausgehen, darunter Cyberangriffe, Desinformationskampagnen und politische Einflussnahme. Die Stärkung der moldauischen Resilienz in diesen Bereichen ist entscheidend für die europäische Sicherheitsarchitektur, da solche Bedrohungen die Stabilität der Region und der EU insgesamt gefährden könnten. Die EU unterstützt Moldau dabei, diese Herausforderungen zu bewältigen.

5. Flüchtlingskrise und humanitäre Rolle:
Seit dem Beginn des Ukraine-Krieges hat Moldau pro Kopf die meisten Flüchtlinge in Europa aufgenommen.

Dies hat das Land als verlässlichen Partner in der humanitären Unterstützung und als wichtiger Akteur bei der Bewältigung der humanitären Folgen des Konflikts positioniert. Diese Rolle stärkt Moldaus Ansehen und Bedeutung innerhalb der europäischen Sicherheitsarchitektur.

6. Neutralität und Sicherheitsdilemma:

Moldau ist durch seine Verfassung offiziell ein neutraler Staat, was eine direkte Beteiligung an militärischen Allianzen wie der NATO erschwert. Dennoch arbeitet Moldau eng mit der NATO im Rahmen des »Partnership for Peace«-Programms zusammen und erhält sicherheitspolitische Unterstützung von der EU. Das Neutralitätsprinzip stellt Moldau vor das Dilemma, einerseits seine Unabhängigkeit zu wahren, andererseits aber Schutz und Unterstützung in einer geopolitisch instabilen Region zu suchen.

7. Souveränität und territoriale Integrität:

Die EU und die internationale Gemeinschaft sind entschlossen, Moldaus Souveränität und territoriale Integrität zu schützen. Die Unterstützung für eine friedliche Lösung des Transnistrien-Konflikts sowie Maßnahmen gegen russische Einflussversuche spielen eine zentrale Rolle in der Strategie der europäischen Sicherheitsarchitektur.

Zusammenschau aller Perspektiven:

Moldau nimmt in der europäischen Sicherheitsarchitektur eine wachsende Rolle ein, indem es als Pufferstaat, Stabilitätsanker und EU-Partner agiert. Angesichts der aktuellen geopolitischen Lage, insbesondere des Ukraine-Kriegs und der hybriden Bedrohungen durch

Russland, hat Moldaus Integration in europäische Sicherheitsmechanismen an Dringlichkeit gewonnen. Die EU und ihre Partner werden weiterhin in die Stärkung von Moldaus Widerstandskraft, Verteidigungsfähigkeiten und institutioneller Stabilität investieren, um die Sicherheit in der Region zu fördern.

13.2 Die EU-Integration der Republik Moldau bietet Vorteile und Nachteile

Die Integration Moldaus in die Europäische Union bietet sowohl Chancen als auch Risiken, die aus den geopolitischen, wirtschaftlichen und sozialen Bedingungen des Landes sowie der aktuellen Lage in Europa resultieren. Hier sind die wichtigsten Aspekte:

Chancen einer EU-Integration von Moldau:
1. Wirtschaftliche Entwicklung und Investitionen:
Der EU-Beitritt würde Moldau den Zugang zum Binnenmarkt ermöglichen, was zu einem Anstieg des Handels, der Investitionen und des Wirtschaftswachstums führen könnte. Bereits die Assoziierung und die tiefgreifende und umfassende Freihandelszone (DCFTA) mit der EU haben Moldau wirtschaftliche Vorteile gebracht. Ein vollständiger EU-Beitritt könnte diesen Effekt verstärken, indem neue Märkte erschlossen, mehr Arbeitsplätze geschaffen und ausländische Direktinvestitionen angezogen werden.

2. Institutionelle und rechtliche Reformen:
Die EU-Integration erfordert umfassende Reformen in den Bereichen Justiz, Rechtsstaatlichkeit,

Korruptionsbekämpfung und Verwaltung. Diese Reformen könnten die Effizienz und Transparenz der moldauischen Institutionen stärken, was das Vertrauen der Bürger in den Staat und die Stabilität des Landes fördern würde. Moldaus Fortschritte bei der Bekämpfung der Korruption und der Stärkung der Rechtsstaatlichkeit sind bereits ein zentrales Thema im Annäherungsprozess an die EU.

3. Politische Stabilität und Sicherheit:

Die Aussicht auf eine EU-Mitgliedschaft könnte die politische Stabilität in Moldau fördern, indem sie die Reformkräfte im Land stärkt und die internationale Unterstützung für Moldaus Souveränität und territoriale Integrität sicherstellt. Insbesondere der ungelöste Transnistrien-Konflikt könnte durch den EU-Beitritt international verstärkt in den Fokus rücken, was zu einer friedlichen Lösung führen könnte. Zudem würde Moldau durch die engere Anbindung an die europäische Sicherheitsarchitektur von mehr Sicherheit profitieren.

4. Sozialer und wirtschaftlicher Wohlstand:

Eine EU-Mitgliedschaft würde Moldau in den Genuss der EU-Fonds kommen lassen, die für Infrastruktur, Bildung, soziale Entwicklung und regionale Entwicklung bereitgestellt werden. Dies könnte zur Verbesserung des Lebensstandards und zur Reduzierung der Armut in Moldau beitragen. Zudem könnten die Bürger Moldaus vom freien Personenverkehr profitieren, was den Zugang zu Arbeits- und Bildungsmöglichkeiten in der gesamten EU erleichtern würde.

5. Demokratisierung und Stärkung der Zivilgesellschaft:

Die EU-Mitgliedschaft würde demokratische Prinzipien und Werte in Moldau weiter stärken, einschließlich der Achtung der Menschenrechte, der Pressefreiheit und der politischen Partizipation. Die Zivilgesellschaft würde durch den Beitrittsprozess gefördert, da sie eine wichtige Rolle bei der Überwachung von Reformen spielt.

Risiken einer EU-Integration von Moldau:

1. Russische Einflussnahme und geopolitische Spannungen:

Moldau befindet sich in einer geopolitisch sensiblen Lage, und Russland hat traditionell erheblichen Einfluss auf das Land, insbesondere über die abtrünnige Region Transnistrien. Ein EU-Beitritt könnte zu einer verstärkten russischen Einmischung und Destabilisierung führen, da Russland seinen Einfluss in der Region nicht verlieren möchte. Hybride Bedrohungen wie Cyberangriffe, Desinformation und wirtschaftlicher Druck könnten zunehmen.

2. Transnistrien-Konflikt:

Der ungelöste Konflikt in Transnistrien könnte ein Hindernis für die EU-Mitgliedschaft darstellen. Die EU wird wahrscheinlich darauf bestehen, dass dieser Konflikt vor einem Beitritt friedlich gelöst wird. Eine Lösung dieses Problems ist jedoch komplex und könnte die Beziehungen zu Russland weiter belasten.

3. Interne politische Instabilität:

Die innenpolitische Landschaft in Moldau ist gespalten

zwischen pro-europäischen und pro-russischen Kräften. Der EU-Beitritt könnte interne Spannungen verschärfen, insbesondere wenn sich bestimmte Bevölkerungsgruppen oder politische Parteien durch die EU-Annäherung benachteiligt fühlen. Diese Spannungen könnten die politische Stabilität Moldaus gefährden und den Reformprozess verlangsamen.

4. Wirtschaftliche Disparitäten:
Obwohl die EU-Integration wirtschaftliche Chancen bietet, könnte sie auch zu Ungleichheiten führen, insbesondere wenn bestimmte Regionen oder Bevölkerungsgruppen nicht in gleichem Maße vom wirtschaftlichen Wachstum profitieren. Die Unterschiede zwischen städtischen und ländlichen Gebieten könnten sich verschärfen, was soziale Spannungen verstärken könnte.

5. Kosten der Anpassung und Reformen:
Die umfassenden Reformen, die im Rahmen der EU-Integration erforderlich sind, könnten kurzfristig erhebliche wirtschaftliche und soziale Kosten mit sich bringen. Die Anpassung an die EU-Normen und -Regelungen, insbesondere im Bereich Umwelt, Justiz und Verwaltung, könnte für Moldau eine Herausforderung darstellen und erfordert erhebliche finanzielle und institutionelle Ressourcen.

6. Erwartungsdruck:
Der EU-Beitrittsprozess ist langwierig, und die Erwartungen in Moldau könnten steigen. Sollte der

Prozess länger dauern als erwartet oder die erwarteten wirtschaftlichen Vorteile ausbleiben, könnte dies zu Enttäuschungen und Frustrationen in der Bevölkerung führen, was populistische und euroskeptische Bewegungen stärken könnte.

Gesamtbetrachtung:

Die Integration Moldaus in die Europäische Union bietet erhebliche Chancen in den Bereichen Wirtschaft, Sicherheit, politische Stabilität und gesellschaftlicher Wohlstand. Gleichzeitig gibt es jedoch Risiken, insbesondere durch geopolitische Spannungen mit Russland, interne politische Instabilität und die Herausforderungen bei der Umsetzung umfassender Reformen. Eine erfolgreiche EU-Integration wird davon abhängen, wie gut Moldau diese Risiken bewältigt und seine Chancen nutzt.

14. Das Migrationsproblem und ihre Auswirkungen / Patricia Dămoc

Das Migrationsproblem stellt eine der größten gesellschaftlichen und wirtschaftlichen Herausforderungen für die Republik Moldau dar. Seit dem Zusammenbruch der Sowjetunion und der Unabhängigkeit Moldaus in den 1990er Jahren hat das Land einen massiven Abfluss seiner Bevölkerung erlebt, insbesondere junger und qualifizierter Arbeitskräfte. Diese Migrationsbewegung hat tiefgreifende Auswirkungen auf das Land, sowohl auf die Wirtschaft als auch auf die soziale und demografische Struktur.

14.1 Ursachen der Migration

- **Wirtschaftliche Gründe:** Die Hauptursache für die Auswanderung aus Moldau sind die wirtschaftlichen Bedingungen. Das Land gehört zu den ärmsten in Europa, und viele Moldauer haben Schwierigkeiten, im Inland gut bezahlte Arbeitsplätze zu finden. Die hohe Arbeitslosenrate, niedrige Löhne und die fehlenden Entwicklungsperspektiven veranlassen viele Menschen, insbesondere junge Fachkräfte, das Land zu verlassen.
- **Politische Instabilität:** Die politische Unsicherheit und Korruption in Moldau tragen ebenfalls zur Migration bei. Viele Menschen haben das Vertrauen in die

Fähigkeit der Regierung verloren, für Stabilität und wirtschaftlichen Fortschritt zu sorgen.

- **Bildung und Karrierechancen:** Viele Moldauer, insbesondere junge Menschen, verlassen das Land, um im Ausland bessere Bildungschancen und berufliche Perspektiven zu nutzen, insbesondere in der EU und Russland. Da die Berufsaussichten im Inland begrenzt sind, sehen viele keine Zukunft in Moldau.

14.2 Auswirkungen auf die Wirtschaft

Abwanderung von Arbeitskräften: Der ständige Abfluss von Arbeitskräften, insbesondere qualifizierten Fachkräften, hat erhebliche Auswirkungen auf die moldauische Wirtschaft. Diese »**Brain Drain**«-Situation führt dazu, dass wichtige Sektoren, wie das Gesundheitswesen, die IT-Branche und das Handwerk, unter einem Mangel an qualifiziertem Personal leiden. Dies behinderten das wirtschaftliche Wachstum und die Entwicklung des Landes.

- **Abhängigkeit von Rücküberweisungen:** Ein großer Teil der moldauischen Wirtschaft ist von den Rücküberweisungen moldauischer Migranten abhängig, die im Ausland arbeiten. Nach Schätzungen machen diese Überweisungen etwa 15–20 % des Bruttoinlandsprodukts (BIP) aus. Diese Gelder sind für viele Familien lebenswichtig, bergen jedoch langfristige Risiken:

  - **Wirtschaftliche Abhängigkeit:** Die Abhängigkeit von Rücküberweisungen kann die inländische Wirtschaft schwächen, da sie zu einer geringeren

Motivation für strukturelle Reformen und zur Förderung lokaler Investitionen führt.

- **Inflation und soziale Ungleichheit:** Die massive Zunahme von Rücküberweisungen hat in einigen Fällen zu Inflation und steigenden Immobilienpreisen geführt, was vor allem einkommensschwache Haushalte betrifft. Zudem verstärken die Rücküberweisungen die soziale Ungleichheit, da nicht alle Familien von dieser Quelle profitieren.

14.3 Demographische Herausforderung

Bevölkerungsrückgang: Moldau hat einen der schnellsten Bevölkerungsrückgänge in Europa. Dieser Rückgang wird durch die massive Abwanderung und niedrige Geburtenraten verstärkt. Es wird erwartet, dass die Bevölkerung des Landes bis 2050 um bis zu 30 % schrumpfen könnte. Dies führt zu erheblichen demografischen Problemen:

- **Alternde Bevölkerung:** Die verbleibende Bevölkerung in Moldau wird zunehmend älter, da vor allem junge Menschen das Land verlassen. Dadurch steigt der Druck auf die Sozialsysteme, insbesondere auf die Gesundheitsversorgung und Rentensysteme.
- **Ungleichgewicht zwischen Stadt und Land:** Viele der Migranten stammen aus ländlichen Regionen, die zunehmend entvölkert werden. Dies führt zu einem Rückgang der landwirtschaftlichen Produktion und einer allgemeinen Vernachlässigung der ländlichen Infrastruktur.

14.4 Soziale und politische Auswirkungen

Zerfall von Familien: Die Migration hat tiefgreifende soziale Auswirkungen, insbesondere auf Familienstrukturen. Viele Eltern, die im Ausland arbeiten, lassen ihre Kinder in Moldau zurück, oft unter der Obhut von Großeltern oder Verwandten. Diese sogenannten »zurückgelassenen Kinder« sind oft emotional und psychologisch belastet, da sie ohne die direkte Unterstützung ihrer Eltern aufwachsen.

Bildung und soziale Integration: Kinder von Migranten haben häufig Schwierigkeiten in der Schule und bei der sozialen Integration, da sie mit den emotionalen Belastungen durch die Abwesenheit ihrer Eltern zu kämpfen haben. Dies kann langfristig negative Auswirkungen auf ihre Bildungschancen und ihre Zukunftsperspektiven haben.

Wahlverhalten und politische Instabilität: Moldauer im Ausland spielen eine zunehmend wichtige Rolle in der nationalen Politik. Bei Wahlen sind viele moldauische Staatsbürger, die im Ausland leben, wahlberechtigt, was das Wahlergebnis stark beeinflussen kann. Bei der Präsidentschaftswahl 2020 war die Diaspora ausschlaggebend für den Wahlsieg von Maia Sandu. Diese politische Beteiligung verstärkt den Einfluss der Diaspora auf die innenpolitischen Entwicklungen.

Politische Reformen und Rückkehrmigration: Die Regierung versucht, Rückkehrmigration zu fördern, indem sie Anreize für Rückkehrer schafft, die im Ausland erworbenen Fähigkeiten und Kenntnisse in Moldau einzusetzen. Bisher gab es jedoch nur begrenzte Erfolge bei der Rückkehr von Migranten, was auf die anhaltende politische Instabilität und die mangelnden wirtschaftlichen Perspektiven zurückzuführen ist.

Fazit

Seit der Unterzeichnung des Assoziierungsabkommens mit der Europäischen Union und der Einführung der Visafreiheit für moldauische Staatsbürger ist die Migration in EU-Länder, insbesondere nach Italien, Deutschland, Frankreich und Spanien, stark angestiegen. Viele Moldauer suchen in der EU nach besseren Arbeits- und Lebensbedingungen.

- *Russland bleibt ebenfalls ein wichtiger Zielort für moldauische Migranten, insbesondere für diejenigen aus russischsprachigen Regionen oder mit doppelter Staatsbürgerschaft (Moldau und Russland). Die wirtschaftlichen Verbindungen zu Russland sind jedoch durch politische Spannungen und Sanktionen geschwächt worden, was die Migration in dieses Land erschwert.*

Das Migrationsproblem in Moldau hat tiefgreifende Auswirkungen auf das Land. Wirtschaftlich führt es zu einem Mangel an Arbeitskräften und einer übermäßigen Abhängigkeit von Rücküberweisungen, während es demografisch und sozial zu einem erheblichen Bevölkerungsrückgang und der Fragmentierung von Familienstrukturen beiträgt. Politisch bleibt die Diaspora ein wichtiger Akteur, der sowohl Chancen als auch Herausforderungen für die zukünftige Entwicklung des

Landes darstellt. Um diese Probleme anzugehen, müsste die moldauische Regierung tiefgreifende wirtschaftliche und politische Reformen durchführen, um das Land attraktiver für seine Bürger zu machen und die negativen Folgen der Migration zu mindern.

Exkurs: Bericht, Patricia Dămoc

Mein Weg von Moldau nach Deutschland

Nach meinem Abitur verließ ich Moldau voller Aufregung, um ein neues Leben in einem Land zu beginnen, in dem ich noch nie zuvor gewesen war Deutschland. Es versprach mir Möglichkeiten und Erfahrungen, die in meiner Heimat unerreichbar schienen. Zunächst kam ich nach Deutschland, um ein Freiwilliges Soziales Jahr in einem bayerischen Dorf namens Benediktbeuern zu absolvieren. Dort arbeitete und lebte ich in einem Salesianerzentrum, das sich auf Jugendprogramme konzentrierte. Mit nur begrenzten Deutschkenntnissen und beeinflusst von dem Stereotyp, dass Deutsche kalt und distanziert seien, hatte ich die Befürchtung, dass es lange dauern würde, mich an die Kultur anzupassen und dazuzugehören. Doch meine Ängste waren unbegründet. Von dem Moment an, als ich ankam, wurde ich mit Herzlichkeit und Offenheit empfangen. Die Menschen, die ich traf, halfen mir mit großem Engagement, mich erfolgreich in Deutschland einzuleben. Nach dem Ende meines Freiwilligendienstes schrieb ich mich an einer Universität in Würzburg für den Studiengang International Management ein. Seit zwei Jahren ist Würzburg mein Zuhause, und hier erlebe ich das Beste, was das deutsche Studentenleben zu bieten hat. Als ich Moldau verließ, verspürte ich eine tiefe Traurigkeit, da ich wusste, dass ich meine Familie und Freunde zurücklassen würde, um diesen neuen Weg einzuschlagen. Doch ich war mir auch bewusst, dass dies der richtige Schritt war, um die Bildungs- und Karrierechancen zu erreichen, die ich mir wünschte. Wie viele meiner Klassenkameraden packte ich meine Sachen und ging entschlossen, eine bessere Zukunft im Ausland aufzubauen. Rückblickend habe ich meine Entscheidung nie bereut. In Deutschland hatte ich Zugang zu Möglichkeiten, die meine Freunde, die in Moldau geblieben sind, nicht hatten. Als Studentin habe ich von Plattformen und Ressourcen profitiert, die mich mit Unternehmen in Kontakt bringen, die zu meinen Karrierezielen passen, und mir dabei helfen, Schritt für Schritt meine Zukunft zu gestalten. Im Gegensatz dazu höre ich von Freunden, dass das moldauische Bildungssystem weiterhin mit Korruption und Ungleichheit zu kämpfen hat, was es für viele schwierig macht, sich zu entfalten. Diese Unterschiede machen mich unendlich dankbar für das Leben, das ich mir in Deutschland aufbauen konnte, und für die Aussicht auf eine faire und erfolgreiche Karriere, die mit Engagement und harter Arbeit erreichbar ist.

Trotz meines Lebens im Ausland bin ich stolz auf mein moldauisches Erbe und unterstütze mein Land auf meine Weise. Ich informiere mich über wichtige Entwicklungen in der moldauischen Politik und Gesellschaft und habe bei Wahlen teilgenommen, die unsere mögliche europäische Zukunft mitgestaltet haben. Außerdem liegt es mir am Herzen, die moldauische Kultur, Traditionen und Geschichte in meinem Freundeskreis in Deutschland bekannt zu machen. Oft kläre ich dabei auch Missverständnisse auf, wie zum

Beispiel, dass unsere Amtssprache Rumänisch ist und dass wir ein reiches römisches Erbe haben.

Eines Tages könnte ich mir vorstellen, nach Moldau zurückzukehren, um die Denkweisen und Praktiken anzuwenden, die ich in Deutschland kennengelernt habe. Mit den Bestrebungen Moldaus, der Europäischen Union beizutreten, wird das Land jede Unterstützung benötigen, um spürbare Verbesserungen in der Lebensqualität zu erreichen. Wenn sich die Möglichkeit bietet, einen positiven Beitrag zu leisten, werde ich diese Chance gerne ergreifen. Für den Moment gehöre ich zu den vielen Moldauern, die sich ein neues Leben im Ausland aufgebaut haben und sich erfolgreich an dieses angepasst haben. Doch egal, wohin mich das Leben führt, Moldau wird immer ein Teil von mir bleiben – mit all seinen Herausforderungen und Hoffnungen.

15. EU-Referendum 2024

In der ehemaligen Sowjetrepublik Moldau hat die Bevölkerung bei einem Referendum knapp für die Verankerung des EU-Kurses in der Verfassung gestimmt. Nach vollständiger Auszählung der Stimmen votierten laut Wahlkommission 50,46 Prozent der Teilnehmenden dafür, einen proeuropäischen Kurs als strategisches Ziel in der Verfassung festzuschreiben. Insgesamt wurden 751.235 Ja-Stimmen gezählt, gegenüber 737.639 Nein-Stimmen (49,54 Prozent).

Moldauische Medien berichten, dass die Mehrheit der Regionen im Land gegen die Verfassungsänderung gestimmt hat. Den Ausschlag gaben jedoch die Moldauer, die im Ausland – insbesondere in der EU – leben. Die prowestliche Präsidentin Maia Sandu dankte der Diaspora, die mit ihrer Stimme das Ergebnis maßgeblich beeinflusst und die Abstimmung zugunsten des EU-Kurses entschieden habe.

15.1 Vorwurf der Wahlmanipulation

In der Republik Moldau sind schwere Vorwürfe von Wahlmanipulation laut geworden, sowohl gegen Russland als auch gegen die EU – allerdings mit sehr unterschiedlichen Mitteln. Präsidentin Maia Sandu erklärte bei einem nächtlichen Auftritt in Chișinău, dass rund 300.000 Stimmen gekauft worden seien. Dutzende Millionen Euro seien geflossen, um Desinformation und Propaganda zu verbreiten. »Dies ist ein beispielloser

Angriff auf die Freiheit und Demokratie unseres Landes«, sagte Sandu, wie lokale Medien berichteten.

Laut moldauischen Sicherheitsbehörden gab es schon vor der Abstimmung Hinweise auf prorussische Desinformationskampagnen und versuchte Wählerbestechung. Der moskautreue Oligarch Ilan Shor, der ins Ausland geflohen ist und wegen Geldwäsche und Betrug verurteilt wurde, wird als zentraler Akteur hinter diesen Manipulationsversuchen vermutet.

Gleichzeitig werfen russische Vertreter der EU vor, ebenfalls Einfluss auf die Wähler ausgeübt zu haben – jedoch durch wirtschaftliche Versprechen. Kurz vor der Abstimmung kündigte EU-Kommissionspräsidentin Ursula von der Leyen bei einem Besuch in Chişinău ein Unterstützungspaket von 1,8 Milliarden Euro an, dass Investitionen in Arbeitsplätze, Wachstum, Dienstleistungen und Infrastruktur fördern soll. Alle Informationen zu den Wahlen unter https://a.cec.md/en.

15.2 Ausblick

Die knappe Entscheidung beim Referendum und die gegenseitigen Vorwürfe der Einflussnahme durch Russland und die EU machen die geopolitische Spannung in Moldau deutlich. Ein proeuropäischer Kurs, der durch eine knappe Mehrheit unterstützt wurde, ist jedoch noch nicht in der Verfassung verankert – hierfür wäre eine Zweidrittelmehrheit im Parlament erforderlich. Angesichts der für 2025 geplanten Parlamentswahlen wird es für pro-europäische Parteien schwierig sein, diese Mehrheit zu erreichen. Sollte der EU-Kurs dennoch in der Verfassung festgeschrieben werden, wäre dies ein bedeutender Schritt für das Land, doch die Situation bleibt fragil und herausfordernd.

Die bestehenden sozialen und ethnischen Spannungen, verstärkt durch wirtschaftliche Abhängigkeiten und die große moldauische Diaspora, könnten den politischen Kurs in den nächsten Jahren maßgeblich beeinflussen. Russland dürfte seine Bemühungen, Moldau in seiner Einflusssphäre zu halten, verstärken, etwa durch Desinformationskampagnen, wirtschaftliche Anreize und die Unterstützung prorussischer Gruppen im Land. Gleichzeitig wird die EU, wie das angekündigte Unterstützungspaket zeigt, ihre Anreize zur Modernisierung und Integration weiter verstärken, um die Bindung Moldaus an den Westen zu fördern.

Für die moldauische Regierung wird es entscheidend sein, das Vertrauen der Bevölkerung zu gewinnen, indem sie greifbare Fortschritte im Kampf gegen Korruption sowie beim Ausbau von Infrastruktur und Bildung erzielt. Gelingt dies, könnte Moldau langfristig eine wichtige Rolle als Bindeglied zwischen Ost und West einnehmen. Doch die politische Stabilität bleibt angespannt, solange das Land zwischen den konkurrierenden Interessen Russlands und der EU balancieren muss und die innenpolitische Einheit auf dem Spiel steht.

Russland und die EU setzen dabei unterschiedliche Mittel ein: Während prorussische Akteure wie Ilan Shor mit Desinformation und direkter Wählerbeeinflussung agieren, setzt die EU auf Entwicklungsversprechen und wirtschaftliche Anreize, um Moldaus proeuropäischen Weg zu unterstützen. Beide Seiten ringen um die Gunst des Landes und seine strategische Ausrichtung.

16. NGOs in Moldawien – Eckpfeiler der Zivilgesellschaft/ Guido Schratzer

Zivilgesellschaftliche Organisationen, auch als Nichtregierungsorganisationen (NGOs) bekannt, spielen in der Republik Moldau eine zentrale Rolle in der Entwicklung der Zivilgesellschaft. Seit der Unabhängigkeit des Landes im Jahr 1991 haben sich diese Organisationen als unverzichtbare Akteure etabliert, die soziale, wirtschaftliche und kulturelle Fortschritte fördern.

In der Republik Moldau gibt es ein Gesetz, das die Tätigkeit von Nichtregierungsorganisationen (NGOs) regelt. Das aktuelle Gesetz ist das Gesetz Nr. 86/2020 über Nichtregierungsorganisationen, das am 1. Januar 2021 in Kraft trat. Es ersetzt ältere Regelungen und bietet einen moderneren und klareren rechtlichen Rahmen für NGOs.

16.1 Hauptmerkmale des NGO-Gesetzes in Moldau:

Definition von NGOs: Das Gesetz definiert NGOs als gemeinnützige, nichtstaatliche und unabhängige Organisationen, die auf freiwilliger Basis gegründet werden. Gründung und Registrierung: Es vereinfacht die Anforderungen für die Registrierung und Gründung von NGOs und ermöglicht eine effizientere Bearbeitung durch das Justizministerium.

Aktivitäten und Unabhängigkeit: NGOs haben das Recht, in allen gesellschaftlichen Bereichen tätig zu sein, einschließlich Politik, Bildung, Menschenrechte und Umweltschutz. Sie dürfen nicht direkt politische Parteien unterstützen, was ihre Unabhängigkeit gewährleisten soll. Transparenzanforderungen: Organisationen müssen regelmäßig Berichte über ihre Aktivitäten und Finanzen vorlegen, insbesondere wenn sie öffentliche Mittel oder Spenden aus dem Ausland erhalten. Das Gesetz wurde in enger Abstimmung mit internationalen Organisationen und lokalen NGOs erarbeitet und soll den NGO-Sektor stärken sowie demokratische Prinzipien fördern.[58]

16.2 Die Anfänge des NGO-Sektors

Nach dem Zusammenbruch der Sowjetunion stand Moldawien vor tiefgreifenden politischen und wirtschaftlichen Herausforderungen. Viele staatliche Institutionen waren unterfinanziert oder zerfielen, und NGOs übernahmen wichtige Aufgaben. Sie leisteten humanitäre Hilfe und setzten sich für demokratische Reformen ein. Die internationale Unterstützung, etwa durch das Entwicklungsprogramm der Vereinten Nationen (UNDP)[59] und die United States Agency for International Development (USAID), war entscheidend für den Aufbau des NGO-Sektors. In der Sowjetunion existierten gemeinnützige Vereine nicht, abgesehen von staatlich

---

58 Vgl: Konrad-Adenauer-Stiftung (www.kas.de)/ Lex Mundi Insights über moldawische NGO-Gesetze (www.lexmundi.com)
59 Vgl. UNDP-Moldawien 2023. https://www.undp.org/moldova/

kontrollierten Organisationen wie Gewerkschaften und Jugendorganisationen, deren Ziel die politisch-militärische Ausbildung der jungen Generation war.

Wachstum und Schwerpunktsetzung

In den 2000er Jahren wuchs der NGO-Sektor erheblich. Viele Organisationen konzentrierten sich verstärkt auf Governance, Menschenrechte und Gemeindearbeit. Nach aktuellen Berichten sind etwa 60 % der NGOs in der Hauptstadt Chișinău registriert, was die zentrale Rolle der Stadt als Anlaufstelle für internationale Geldgeber unterstreicht. Allerdings bleiben viele ländliche Regionen unterrepräsentiert, da nur 26 % der NGOs dort aktiv sind.[60]

Erfolge in verschiedenen Bereichen

NGOs haben in den letzten Jahren bedeutende Erfolge erzielt. Die Organisation Promo-LEX[61] überwacht Wahlen und setzt sich für die Einhaltung der Menschenrechte ein, während »Concordia – soziale Projekte« besonders in ländlichen Regionen benachteiligte Gruppen unterstützt. Im Bildungsbereich arbeiten NGOs wie PRO DIDACTICA und das MIT-CENTER[62] daran, Lehrmethoden zu modernisieren.

---

60   Vgl. BTI Bertelsmann Transformationsindex 2024 https://bti-project.org/en/reports/country-report/MDA/

61   Vgl. Promo-LEX Aktivitätenbericht. https://www.promolex.md/

62   Vgl. Education NGO MIT-Center. https://mit-center.eu/

16.3 Herausforderungen und Finanzierung

Trotz der Erfolge stehen viele NGOs vor erheblichen Herausforderungen, insbesondere hinsichtlich der finanziellen Unabhängigkeit. Über 70 % der Finanzmittel stammen aus ausländischen Förderungen. Neben Änderungen in den Prioritäten der Geber behindern besonders kurze Programmlaufzeiten und nationaler Lobbyismus die Nachhaltigkeit und Effektivität. Kurze Programmlaufzeiten führen zu Lücken in den Projekten der NGOs, wo diese oft gezwungen sind, ihre Anstellungsverhältnisse und Büros aufrechtzuerhalten, auch wenn sie keine Finanzierungsquellen haben. Leider ist es kein Einzelfall, dass Projekte nach ersten Erfolgen wieder eingestellt werden. Dies bedeutet jedoch nicht, dass es zu wenig Geld gibt (siehe Tabelle 1). Eine bessere Koordination der Mittelvergabe könnte die Effektivität und Nachhaltigkeit steigern und den NGOs mehr Planungssicherheit gewähren, sodass sie sich auf langfristigen Erfolg und Nachhaltigkeit konzentrieren könnten. Wie Eckhard Deutscher und Sara Fyson feststellten: »Eine Zunahme der Geber und Projekte hat die Steuerung der Hilfe problematischer gemacht«.[63]

---

63   Vgl. Verbesserung der Wirksamkeit der Hilfe. https://www.imf.org/external/pubs/ft/fandd/2008/09/deutscher.htm

Finanzierungsquellen und Trends

Die wichtigsten Geldgeber für moldawische NGOs sind:

- **Internationale Entwicklungsagenturen** wie USAID[64] und die EU[65].
- **Private Stiftungen und INGOs**, darunter die Open Society Foundations.
- **Bilateral- und Multilateralhilfe**, etwa aus Deutschland und Schweden.
- **Beiträge der Diaspora**, die lokale Gemeinschaftsprojekte unterstützen.
- **Corporate Social Responsibility (CSR)** lokaler Unternehmen.

Die folgende Tabelle zeigt die Entwicklung der internationalen Hilfe für Moldawien:

Jahr	USAID (Mio. USD)	EU-Unterstützung (Mio. USD)	UN-Agenturen (Mio. USD)	Bilaterale Hilfe (Mio. USD)	Private Stiftungen/ INGOs (Mio. USD)
2020	29	100	8	15	10
2021	30	120	9	20	12
2022	32	130	10	18	14
2023	34	140	10	21	15

(Tabelle 1)

---

64 Vgl. USAID Partnership for Civil Society. https://www.usaid.gov/ro/moldova/

65 Vgl. EAP Funding for Moldovan Civil Society. https://www.eap-csf.eu/

Fazit

Der NGO-Sektor bleibt ein unverzichtbarer Bestandteil der moldawischen Gesellschaft. Mit einer besseren Koordination der Mittel und lokalen Fokus auf langfristige Verbesserung könnten NGOs ihre Beiträge zur sozialen, politischen und wirtschaftlichen Entwicklung weiter ausbauen.

17. Zeittafel der Geschichte Moldaus

1. Frühe Geschichte und Mittelalter

- **1. Jahrtausend v. Chr.**: Besiedlung des Gebietes durch die Daker, eine alte indoeuropäische Ethnie.
- **2. Jahrhundert n. Chr.**: Die Region wird von den Römern beeinflusst.
- **6. bis 12. Jahrhundert**: Die Gebiete des heutigen Moldau werden von verschiedenen slawischen, bulgarischen und ungarischen Reichen beherrscht.

2. Fürstentum Moldau (Mittelalter bis Neuzeit)

- **1323**: Gründung des Fürstentums Walachai unter Bessarab I.. Es entwickelt sich zu einem bedeutenden Fürstentum in der Region.
- **1359-1365** Bogdan der I. Entstehung des Fürstentums Moldau.
- **1400-1432** Herrschaft von Alexander dem Guten
- **1457-1504 Herrschaft von Stefan den Großen**
- **1476** Die Schlacht bei Valea Albă (Alba) zwischen Moldau und dem Osmanischen Reich. Moldau wird von den Osmanen geschwächt.
- **1538-1774** Moldau wird zum Vasallenstaat des Osmanischen Reiches, behält jedoch eine gewisse Autonomie.
- **1774** Friede von Kütschkük-Kainardschi. Der Dnjestr wird russische Grenze. Russland erlangte indirekten Einfluss in diesen Regionen.

- **1787** 4. russisch-türkischer Krieg: Das nordwestliche Gebiet Moldaus wird von Russland besetzt.
- **1806-1812** 5. Russisch-türkischer Krieg. Russland besetz Moldau und die Walachei.
- **1812:** Frieden von Bukarest – Bessarabien wird vom Osmanischen Reich an das Russische Kaiserreich abgetreten. Der westliche Teil des historischen Moldau (Bessarabien) wird Teil des Russischen Reiches.
- **1813** Beginn der Kolonisierung Bessarabiens
- **1818** Zar Alexander I. verkündet die Gründung des Oblast Bessarabien mit Autonomie.
- **1821** Der rumänische Metropolit von Bessarabien, Gavril Bănulescu-Bodoni, stirbt. Nachfolger wird ein Russe.
- **1829** Nach dem 6. Russich-türkischen Krieg wird die Autonomie Bessarabiens von Russland aufgehoben: Russich wird Amstsprache.

3. Neuzeit und Russische Einflüsse

- **1903** Judenpogrom in Kischinew
- **1917-1918** Unabhängigkeit Bessarabiens
- **1918:** Bessarabien erklärt seine Union mit Rumänien, wird Teil des Königreichs Rumänien.
- **1924** Bildung der Moldauischen Autonomen Sozialistischen Sowjetrepublik MASSR
- **1940:** Nach dem Molotow-Ribbentrop-Pakt wird Bessarabien von der Sowjetunion annektiert und zur Moldauischen SSR (Sowjetische Sozialistische Republik) erklärt.
- **1941-1944:** Während des Zweiten Weltkriegs wird das Gebiet von den Achsenmächten (insbesondere von

Rumänien) besetzt. Nach der Befreiung kehrt Bessarabien zur sowjetischen Herrschaft zurück.

4. Unabhängigkeit und moderne Zeit

- **27. August 1991:** Moldau erklärt seine Unabhängigkeit von der Sowjetunion und wird ein souveräner Staat.
- **1992:** Nach dem Zusammenbruch der Sowjetunion und dem Unabhängigkeitskampf erklärt Transnistrien einseitig seine Unabhängigkeit von Moldau, was zu einem bewaffneten Konflikt führt. Der Konflikt endet mit einem Waffenstillstand, aber Transnistrien bleibt eine nicht international anerkannte Region.
- **2001:** Die pro-russische Partei der Sozialisten gewinnt die Wahlen, was zu einer Phase engerer Beziehungen zwischen Moldau und Russland führt.
- **2009:** Nach einer politischen Krise und Wahlen werden pro-europäische Kräfte an die Macht gewählt, was zu einem verstärkten Streben nach Integration in die Europäische Union führt.
- **2014:** Moldau unterzeichnet ein Assoziierungsabkommen mit der EU, was den Weg für wirtschaftliche und politische Integration in Europa ebnet.
- **2020:** Maia Sandu wird Präsidentin von Moldau, was eine Neuausrichtung der Politik in Richtung europäischer Integration und Reformen signalisiert.
- **2023** Beschluss des Europäischen Rates vom 14./15. Dezember 2023 über die Aufnahme von Beitrittsverhandlungen mit Moldau und die Billigung des Verhandlungsrahmens für die Verhandlungen mit Moldau durch den Rat am 21. Juni 2024 über die Verfahrensweise bei der Erweiterung

18. Literaturverzeichnis

Chiveri, V. (1. Januar 2012). Die geopolitische Falle im Transnistrien-Konflikt. *Diplomarbeit*. Wien: Universität Wien.

Cusco, A., Sarov,Igor, & Solonari, V. (2012). *Die Republik Moldau, Ein Handbuch*. Leibzig: Leibziger Universitätsverlag.

Graf, K. (2010). *Der Trannistrien-Konflikt*. Hamburg: Disserta.

Haussig, H. (1966). *Kulturgeschichte von Byzanz*. Stuttgart: Kröner.

Hofbauer, H., & Roman, V. (1997). *Bukowina,Bessarabien,Moldawien*. Wien: Promedia.

Hoppe, B., & Glass , H. (2011). *Die Verfolgung und Ermordung der Juden durch das nationalsozialistische Deutschland 1933-1945 Band 7, Sowjetunion und annektierte Gebiete*. München: Oldenburg.

Ihrig, S. (2008). *Wer sind die Moldawier*. Stuttgart: ibidem.

Ihrig, S. (2012). Gagausen. In K. D. Bochmann, *Die Republik Moldau, Handbuch* (S. 201-206). Leibzig: Leibzig Univertätsverlag.

Kahl, T. (2015). Die Gagausen und ihre Autonomie. In F. H. Longoni, *Wiener Romanistische Landeswissenschaft (en)*. Wien: Praesens Verlag.

Kührer-Wielach, F., & Suveica,Svetlana. (2024). Zwischen den Mächten. *Aus Politik und Zeitgeschichte, Republik Moldau*, 6-13.

Lippert, B. (2024). EU-Erweiterungspolitik in Südost- und Osteuropa. *Aus Politik und Zeitgeschichte, Republik Moldau*, 38-45.

Malek, M. (2006). Der Konflikt im Dnjestr-Gebiet (Moldova). *Schriftenreihe der Landesverteidigungsakademie*. Wien, Österreich: BMLV / LVAk.

Negura, P. (2012). *Die Republik Moldau, Ein Handbuch*. Leibzig: Universitätsverlag Leibzig.

Prohnichi, V. (2012). Industrie. In K. Bochmann, V. Dumbrava, D. Müller, V. Reinhardt, & (Hg.), *Republik Moldau, Ein Handbuch* (S. 437-442). Leibzig: Universtätsverlag.

Schmidt, U. (2008). *Bessarabien*. Potsdam: Deutsches Kulturvorum östliches Europa e.V.

Schmidt, U. (Mai 2014). Deutsche Spuren in Moldau 1814 – 2014. *Ausstellungskatalog, Muzeul Naţional de Artă al Moldovei Chişinău*. Chişinău, , Republik Moldau: Laserline Berlin.

Suga, A. (1958). *Die völkerrechtliche Lage Bessarabiens*. Bonn: Juristische Fakultät Bonn.

Urprung, D. (2005). Umdeutung eines Helden: Tradition von Erfindung und nationale Identität in der Republik Moldau. In E. V. Binder-IJima, *Stefan der Große-Fürst der Moldau* (S. 15-60). Leibzig: Universitätsverlag.

Titelbild: Good Life Studio, Stock-Fotografie-ID: 1408448623

Autoren:

Dr. Karl Weinhuber ist promovierter Philosoph mit umfassender Erfahrung in der Entwicklungszusammenarbeit. Im Rahmen seiner Tätigkeit arbeitete er für Organisationen wie die Gesellschaft für Internationale Zusammenarbeit (GIZ), Dienste in Übersee, den Senior Expert Service sowie das Centrum für Internationale Migration und Entwicklung (CIM). Besonders prägend waren seine Einsätze in der Republik Moldau, wo er 2008 sowie erneut von 2019 bis 2020 tätig war. Als Autor mehrerer Fachbücher und Verfasser zahlreicher geschichtsphilosophischer Forschungsarbeiten bringt Dr. Weinhuber eine tiefgehende Expertise in das Werk ein.

Patricia Dămoc, in Chişinău aufgewachsen und als beste Abiturientin der Republik Moldau im Jahr 2022 ausgezeichnet, studiert aktuell International Management in Würzburg. Ihre besondere Leidenschaft gilt dem Thema Jugendmigration aus Moldau, dass sie nicht nur akademisch, sondern auch persönlich durch eigene Erfahrungen und Beobachtungen ergründet.

Guido Schratzer, geboren in Salzburg, Österreich, ist ein erfahrener Unternehmer und IT-Spezialist, der sich auf die Verbindung von Digitalisierung und Bildung konzentriert. Als Präsident der NGO MIT-CENTER setzt er sich in der Republik Moldau für einen besseren und zeitgemäßen Zugang zu Bildung ein. Darüber hinaus ist er in Moldau als Leadership-Coach tätig und gestaltet Kursmaterial speziell für Personal und Political Leadership in Südosteuropa mit.